Klaus Gabriel / Markus Schlagnitweit

Das gute Geld

Klaus Gabriel / Markus Schlagnitweit

DAS GUTE GELD

Ethisches Investment
Hintergründe und Möglichkeiten

Tyrolia-Verlag · Innsbruck – Wien

Mitglied der Verlagsgruppe „engagement"

Bibliografische Information Der Deutschen Nationalbibliothek
Die Deutsche Nationalbibliothek verzeichnet diese Publikation in der Deutschen Nationalbibliografie; detaillierte bibliografische Daten sind im Internet über http://dnb.d-nb.de abrufbar.

Umschlaggestaltung: stadthaus 38, Innsbruck
Layout und digitale Gestaltung: Tyrolia-Verlag, Innsbruck
Druck und Bindung: General Druckerei GmbH, Szeged
ISBN 978-3-7022-3026-5
E-Mail: buchverlag@tyrolia.at
Internet: www.tyrolia-verlag.at

INHALT

Einleitung

Vor dem Hintergrund aktueller gesellschaftlicher und ökologischer Entwicklungen wird immer deutlicher, dass Veränderungen auf vielen Ebenen mehr als notwendig sind. Nicht erst sie, aber gerade auch die Finanz- und Wirtschaftskrise des beginnenden 21. Jahrhunderts macht klar, dass die Art und Weise, wie wir leben und wirtschaften, nicht zukunftsfähig ist und zu Verwerfungen führt, die weltweite Ungerechtigkeiten und einen geradezu selbstmörderischen Verbrauch von natürlichen Lebensgrundlagen verursachen. Die sich daraus stellenden Herausforderungen – Hunger, Armut oder Klimawandel – verlangen umfassende Konzepte zur Gestaltung einer zukunftsfähigen Welt.

In der öffentlichen Diskussion solcher Konzepte zeigt sich, dass die konkreten Aktionsfelder dieser Gestaltungsprozesse auf verschiedenen Ebenen angesiedelt sind, die sich aber gegenseitig beeinflussen: Gefordert sind Politik und Wirtschaft ebenso wie jeder einzelne Mensch als Bürger, als Konsument oder auch als Investor.[1] Die Notwendigkeit globaler politischer Lösungen zur Bewältigung der anstehenden Probleme ist unbestritten. Auch bedarf es wirtschaftlicher Rahmenordnungen und davon abgeleiteter Prozesse und Verfahren, die sich an den tatsächlichen Bedürfnissen der Menschheit orientieren und nicht zulasten von Gesellschaft und Umwelt gehen. Daneben braucht es aber auch die individuelle Bereitschaft eines jeden Einzelnen, diese Prozesse durch eigenes Handeln mitzutragen und zu verstärken: So wie politische Maßnahmen der Akzeptanz und Unterstützung der Bürger bedürfen, so ist die Veränderung der wirtschaftlichen Realität ohne ein entsprechendes Konsumenten- und Investorenverhalten kaum denkbar. An gesellschaftlichen Prozessen aktiv zu partizipieren, Solidarität konkret umzusetzen, persönliche Verantwortung als Konsumenten und Investoren bewusst wahrzunehmen, erweist sich als zentraler Hebel für einen Wandel.

Dieses Buch setzt an dieser Stelle an und wendet sich speziell an Menschen, die im Rahmen ihres Verhaltens als Geldanleger die Möglichkeit nutzen wollen, die Welt ein Stück weit ihren moralischen Werten entsprechend mitzugestalten. Denn Geld ist nicht neutral: Es kann Gutes bewirken, aber auch Schaden stiften; d. h. bei jeder Form der Geldveranlagung wird Geld für weitere wirtschaftliche Aktivitäten zur Verfügung gestellt, die gesellschaftlich und ökologisch wertvoll oder auch schädlich sein können. Darüber kritisch zu reflektieren, welche wirtschaftlichen Aktivitäten mit einer Geldanlage ermöglicht werden und wie sich diese auf Gesellschaft und Umwelt auswirken, und dann entsprechend zu entscheiden, ist Grundidee und Gegenstand der ethischen Geldanlage. Es geht darum, den Fluss des Geldes so zu steuern, dass schädliche Aktivitäten vermieden und verantwortliche Wirtschaftsweisen gefördert werden.

Die ethische Geldanlage hat aber ein Problem: Erweist sich Geldanlage per se schon als komplexe Materie, treten durch das Thema „Ethik" zusätzliche Fragen in den Vordergrund, die erst zu klären sind. Vor allem die Frage, was Ethik überhaupt ist und wie Ethik im Rahmen der Geldanlage gewährleistet werden kann, bewirkt oft Skepsis und Verunsicherung.

Wir, die Autoren, befassen uns seit vielen Jahren mit dem Thema der ethisch orientierten Geldanlage. Neben zahlreichen praktischen Aktivitäten etwa im Bereich der öffentlichen Verbreitung und politischen Forcierung des Themas, aber auch der ethischen Anlageberatung sowie der Entwicklung und kritischen Begleitung konkreter ethischer Anlageprodukte lag unser Fokus vor allem auch auf der wissenschaftlichen Begleitforschung. Unser Anliegen bei diesem Buch ist es, auf Basis dieser wissenschaftlichen Tätigkeit einen praktischen und motivierenden Zugang zu diesem Thema zu schaffen und möglichst vielen Menschen die Idee des ethisch verantwortlichen Investierens näherzubringen. Wir wollen zeigen, dass ethisches Handeln auch im Bereich der Finanzwelt und hier auch für den Einzelnen möglich und notwendig ist und die Welt nachhaltig verändern kann.

Das Buch ist in vier Hauptkapitel und einen umfangreichen Anhang unterteilt und folgt dem ethischen Dreischritt „Sehen – Urteilen – Handeln": Ethisch verantwortliches Handeln erfordert zuerst die umfassende Analyse eines gegebenen Sachverhaltes, die das Verstehen der IST-Situation zum Ziel hat. In einem zweiten Schritt geht es darum, einen so erfassten Sachverhalt vor dem Hintergrund einer konkreten Wertebasis zu beurteilen: Ist diese Situation richtig oder falsch, gerecht oder ungerecht? Und weiter: Wie SOLL die Situation sein? Den Weg vom bestehenden zum gewünschten Zustand beschreibt der dritte Schritt, das Handeln. Dieser dritte Schritt ist wiederum in zahlreiche Einzelschritte unterteilt, da der Soll-Zustand in der Regel nicht in der „direttissima", sondern erst über kleinschrittige Veränderungen erreicht werden kann.

Das erste und das zweite Kapitel entsprechen dem ersten Teil des ethischen Dreischritts: dem Sehen. Konkret ist damit die Bestandsaufnahme der finanzwirtschaftlichen Realität und die Diskussion moralischer Grundlagen gemeint. Im ersten Kapitel geht es um eine grundlegende Einführung in die Entwicklung und Funktionsweise der Finanzmärkte sowie um eine Ursachenerkundung in Hinblick auf deren gegenwärtige Krise. Unserer Meinung nach handelt es sich dabei um eine umfassende Struktur- und Systemkrise, die nicht bloß durch einen am US-Immobilienmarkt geschehenen Einzelunfall verursacht, sondern höchstens dadurch ausgelöst und ins Rollen gebracht wurde. Vor allem die Entkoppelung des Finanzmarktes von realwirtschaftlichen Prozessen hat dazu geführt, dass zuerst Gewinne privatisiert und später Verluste sozialisiert worden sind. Von da her ist es für uns auch wichtig, dass eine umfassende Reform des Finanzmarktes erfolgt, die mehr verlangt als ein Durchtauchen der Krise und danach ein Weitermachen nach altem Muster. Konkrete Maßnahmen für so eine Reform werden in diesem ersten Kapitel auf unterschiedlichen Ebenen entfaltet. – Einen kleinen „fundamentalethischen Crashkurs" muten wir unseren Lesern dagegen im zweiten Kapitel zu. Wir wollen aufzeigen, was Ethik eigentlich ist und wie sie mit konkreten Moralsystemen bzw. mit dem praktischen Gelingen eines „guten Lebens" zusammenhängt. Wichtig ist uns dabei, nicht nur die Möglichkeiten, sondern auch die Grenzen sittlicher Verantwortung aufzuzeigen und somit eine „ethische Überforderung" zu vermeiden. Etwas detaillierter gehen wir in diesem Kapitel auch auf die Frage ein, welche Gerechtigkeitsfragen sich überhaupt aus dem Besitz und dem Einsatz von Geld ergeben.

Auf Basis dieser Analysen folgt im dritten Kapitel der zweite Teil des ethischen Dreischritts: das Urteilen. Dieses Kapitel widmet sich den spezifischen ethischen Fragestellungen der Geldanlage, und zwar insbesondere in Hinblick auf individuelle Zugänge zum Thema: In der je konkreten Geldanlage geht es zwar zunächst um die persönliche Moral des einzelnen Investors und den damit verbundenen „Gewissensfragen", darüber hinaus aber auch um die Frage der aktiven Mitgestaltung und -steuerung wirtschaftlicher Prozesse. Echte, reife Ethik erschöpft sich ja nie nur „in einer Politik der weißen Weste", sondern zielt wesensmäßig auf die Ausschöpfung aller zu Gebote stehenden Mittel und Wege, um zu verhindern, was als böse und ungerecht, bzw. zu fördern, was als gut und gerecht erkannt wird. Deshalb wird in diesem Kapitel auch untersucht, welche Möglichkeiten der aktiven Einflussnahme auf wirtschaftliche Prozesse im Rahmen der ethischen Geldanlage bestehen. Zudem werden Anbieter ethischer Geldanlagen vorgestellt und einige Produkte und Methoden der Geldanlage unter ethischen Gesichtspunkten kritisch reflektiert.

Praktische Hinweise auf dem Weg zur persönlichen ethischen Geldanlage liefert das abschließende vierte Kapitel, welches den dritten Teil des ethischen Dreischritts – das Handeln – beinhaltet. Ethische Geldanlagen sind nicht automatisch risikofrei, nur weil sie soziale oder ökologische Projekte fördern. Sie unterliegen vielmehr den gleichen Risiko-Rendite-Bedingungen wie konventionelle Veranlagungen. Deshalb ist es wichtig, auch im Bereich der ethischen Geldanlage zunächst eigene Renditeerwartungen sowie die eigene Risikobereitschaft festzulegen. Dazu kommt, dass man sich zuerst auch die persönlichen ethischen Werte und Ziele bewusst machen muss, weil nur so die Auswahl geeigneter ethischer Finanzprodukte möglich ist. Beinahe unumgänglich erscheinen uns dabei letztlich zwei Schritte: die eigenständige Information und Recherche zu Themen der ethischen Geldanlage und eine kompetente Beratung.

Zu beidem gibt es in diesem Kapitel praktische Hinweise, die dazu beitragen können, einen je eigenen Zugang zum ethischen Investment zu finden.

Im Anhang finden sich eine Übersicht über die wichtigsten Formen der Geldveranlagung sowie ihre Rendite-, Risiko- und Ethik-relevanten Aspekte, ein kleines finanztechnisches Glossar sowie Hinweise zu einschlägigen Informationsquellen in Internet und Literatur.

... und dann? – Dann machen Sie mit Ihrem Geld doch, was *Sie* wollen!

Wien/Linz, im August 2009
Klaus Gabriel & Markus Schlagnitweit

Anmerkung:

1 Männliche Wortformen gelten sinngemäß immer auch für weibliche Personen. Lesbarkeitserwägungen haben uns zum Verzicht auf geschlechtsneutrale Formulierungen bewogen. Wir bitten um Verständnis.

1. Kapitel

Der Finanzmarkt: Verheißung und Wirklichkeit

1.1 Kurzgeschichte des Finanzmarktes

Wie kam es zur heutigen Form des Finanzmarktes?

Vor dem Hintergrund der Finanzkrise 2008/09 stellt sich die Frage, welche Entwicklungen und Prozesse zum Zusammenbruch des globalen Finanzsystems geführt haben. Dabei wird schnell klar, dass monokausale Erklärungen – etwa das Platzen der US-Immobilienblase – unzureichend sind. Der Einbruch der Immobilienpreise in den USA mag vielleicht ein Auslöser für diese massivste Finanzkrise seit 80 Jahren sein – die Ursachen der Krise sind jedoch vielfältig und reichen tiefer. Deshalb ist es wichtig, einen Blick darauf zu werfen, wie sich der Finanzmarkt entwickelt hat und wie er eigentlich funktioniert.

Ein heute gängiger Vorwurf lautet, dass der Finanzmarkt weitgehend unreguliert ist. Dass Finanzkapital möglichst ungehindert über den Globus transferiert werden kann, ist allerdings schon sehr früh als volkswirtschaftlich vorteilhaft eingestuft worden. Bereits im 19. Jahrhundert gab es freien Kapitalverkehr, wenngleich nur zwischen den führenden Weltmächten. Diese frühen Jahre von 1870 bis 1924 werden als Zeit des klassischen Goldstandards bezeichnet. Die Währungen der Weltmächte standen in einer fixen Relation zu Gold.[1] Folglich standen auch die wichtigsten Währungen in einem festen Verhältnis zueinander, der Wechselkurs änderte sich nicht. Deshalb war auch kein Finanz-„Markt" im eigentlichen Sinne erforderlich. Die Stabilität der Währungen beruhte damals im Wesentlichen auf der Golddeckung, also der Verpflichtung der Notenbanken, den Wert der im Umlauf befindlichen Banknoten in direkter Relation zu den von ihnen gehaltenen Goldreserven zu halten.

Während der von den beiden Weltkriegen bestimmten Krisenzeit zwischen 1914 und 1945 rückten immer mehr Staaten vom klassischen Goldstandard ab. Das einschneidendste weltwirtschaftliche Ereignis dieser Zeit war der Börsenkrach von 1929, der zuerst in den USA, dann auch in Europa zu einer lang anhaltenden und tiefen Rezession führte. Der Finanzkrise von 1929 folgte nämlich eine tiefe Wirtschaftskrise mit unzähligen Unternehmenspleiten. Die Arbeitslosigkeit schnellte in den Industriestaaten in die Höhe.[2] Gleichzeitig wurden die Sozialleistungen der Staaten drastisch reduziert, und die Armut nahm dramatisch zu. Die Folge war eine gesellschaftliche und politische Radikalisierung, die unter anderem den Aufstieg des Nationalsozialismus begünstigte und in die Katastrophe des 2. Weltkriegs führte.[3]

Bereits während dieses Krieges erkannte man in der Finanz- und Wirtschaftskrise der Zwischenkriegszeit eine zentrale Ursache des Weltkrieges und begann, ein Weltfinanzsystem zu entwickeln, das dazu beitragen sollte, eine stabile Grundlage für den Welthandel und damit für den ökonomischen Wiederaufbau zu schaffen. Dieses System von *Bretton Woods* – benannt nach dem Ort seiner Entstehung im US-Bundesstaat New Hampshire – wurde bereits im Jahr 1944 (!) beschlossen und prägte für die folgenden fast 30 Jahre das Geschehen an den Finanzmärkten. Kern des Abkommens war ein System fester Wechselkurse mit dem US-Dollar als Leitwährung, während der US-Dollar wiederum in einer fixen Relation zum Gold stehen sollte: 1 Unze Gold war demnach 35 US-Dollar wert; die US-amerikanische Notenbank garantierte den Tausch Dollar gegen Gold zu diesem Preis.

Dieses System war von Anfang an nicht unumstritten. Vor allem wurde damit die wirtschaftliche Vormachtstellung der USA nicht nur bestätigt, sondern auch für die Zukunft ermöglicht. Insgesamt aber bewirkte dieses System in der westlichen Welt das sogenannte „Wirtschaftswunder", eine Phase des wirtschaftlichen Aufschwungs in den 1950er- und 1960er-Jahren.

Ab 1971 kam es jedoch zum Zusammenbruch des Systems. Die Ursachen dafür sind vielfältig. Vor allem die stetig steigende Geldmenge in US-Dollar konnte nicht mehr mit ausreichenden Goldreserven gedeckt werden, weshalb auch das Vertrauen in die Stabilität des Systems sank. 1973 wurde das Bretton-Woods-System schließlich überhaupt auf- und die Wechselkurse der Währungen freigegeben. Das bedeutet, dass das Verhältnis zwischen den jeweiligen Währungen nicht mehr von vornherein festgelegt ist, sondern es zu einer Preisbildung auf der Basis von Marktmechanismen kommt. Die Notenbanken aller Staaten waren in dieser Phase natürlich bemüht, währungspolitisch möglichst optimale Voraussetzungen zu schaffen, um die eigene Wirtschaft gegenüber der Wirtschaft anderer Länder zu unterstützen. So gesehen erlangten die jeweiligen nationalen Notenbanken eine immens wichtige Funktion: Währungen wurden gestützt oder abgewertet, je nach wirtschaftspolitischem Kalkül. Nach wie vor aber waren die Aktivitäten an den Finanzmärkten einer strengen staatlichen Regulierung und Kontrolle unterzogen.

Das änderte sich mit den 1980er-Jahren. Insbesondere durch den ideologischen Vormarsch des Neoliberalismus kam es zur wachsenden Deregulierung und Liberalisierung der Finanzmärkte mit dem Ziel, Finanzkapital durch den Abbau von Handelshemmnissen möglichst mobil zu machen. Dahinter stand die Grundidee, wirtschaftliches Wachstum sei dann am besten möglich, wenn die Wirtschaft sich möglichst frei und ohne staatliche Kontrolle bzw. Regulierung entfalten kann. Kernprinzip des Neoliberalismus ist der Wettbewerb. Die Rolle des Staates wird auf die Gestaltung wirtschaftlicher Ordnungsformen beschränkt. Der Staat soll nur als Schiedsrichter fungieren; wirtschaftspolitische Interventionen der Regierungen werden dagegen grundsätzlich abgelehnt. Diese Politik wurde vor allem in den 1980er- und 1990er-Jahren umgesetzt und führte zu einer unglaublichen Belebung der Aktivitäten auf den Finanzmärkten, die bis zur Finanzkrise 2008 nahezu ungebremst zunahmen.

1.2 Die Entkoppelung des Finanzmarktes von der Realwirtschaft

In welchem Verhältnis stehen Finanz- und Realwirtschaft zueinander?

Die klassische Grundfunktion des Finanzmarktes ist es, die Realwirtschaft[4] mit nötigem Finanzkapital auszustatten. Diese benötigt ja ständig Investitionen, die wiederum zu finanzieren sind. Der Finanzmarkt fungiert hier als Umschlagplatz für Finanzkapital zwischen Kapitalgebern und Kapitalnehmern. Darüber hinaus ermöglicht der Finanzmarkt den Tausch von Währungen für den internationalen Handel und den Handel von Risiken. Grob kann der Finanzmarkt in vier Teilmärkte untergliedert werden:

Auf dem Kreditmarkt kann Geld angelegt und ausgeborgt werden. Auf dem Wertpapiermarkt werden im Wesentlichen Aktien und Anleihen gehandelt, wobei man unterscheiden kann zwischen einem Primärmarkt, auf dem Emittenten neue Wertpapiere platzieren können, und einem Sekundärmarkt, auf dem diese dann zwischen den verschiedenen Marktteilnehmern gehandelt werden. Weiters gibt es den Devisenmarkt für den Tausch von Währungen sowie den Derivatemarkt.

Die beiden letztgenannten Märkte erlebten in den letzten Jahren eine gewaltige Dynamik. 2007 etwa wurden am weltweiten Devisenmarkt täglich mehr als 3.000 Mrd. US-Dollar gehandelt.[5] Wenn man in Betracht zieht, dass der gesamte Welthandel im Jahr 2007 14.000 Mrd. US-Dollar betrug, bedeutet das, dass in diesem Jahr in weniger als 5 Tagen das gesamte für den Welthandel benötigte Devisenvolumen gehandelt wurde. Anders formuliert: Lediglich 2 % aller weltweit getätigten Devisentransaktionen standen 2007 direkt in Zusammenhang mit realwirtschaftlichen Aktivitäten, die restlichen 98 % dienten im Wesentlichen der Spekulation.

Eine ganz ähnliche Entwicklung war in den letzten Jahren auf den Derivatemärkten zu beobachten. Derivate sind Finanzinstrumente, die ursprünglich der Absicherung gegenüber bestimmten Risiken – vor allem in Hinblick auf Preis- und Zinsschwankungen – dienten, mittlerweile aber vor allem spekulativen Charakter haben. Laut der Bank für internationalen Zahlungsausgleich werden auf der Basis von Nominalwerten pro Quartal (!) Derivate in Höhe von ca. 500 Billionen US-Dollar umgesetzt – eine monströse Zahl, die mit realwirtschaftlichen Grundlagen nichts mehr zu tun hat.

Insgesamt ist also feststellbar, dass sich der Finanzmarkt in den letzten Jahren zunehmend von realwirtschaftlichen Prozessen abgekoppelt hat. Das heißt, dass der Ausweitung der Finanzmarkt-Volumina keine realwirtschaftliche Notwendigkeit zugrunde lag. Für sich betrachtet stellt eine solche Ausweitung und Dynamisierung des Finanzmarktes noch kein Problem dar. Allerdings zeigt sich, dass diese Entkoppelung und Verselbstständigung des Finanzmarktes (bei gleichzeitiger Deregulierung und Intransparenz in Hinblick auf die Finanzmarkt-Aktivitäten) zu einer wachsenden Destabilisierung des gesamten Wirtschaftsgefüges geführt haben: Obwohl also die Aktivitäten an den Finanzmärkten weitgehend losgelöst von realwirtschaftlichen Prozessen stattfinden, schlagen Krisen und Systemstörungen des Finanzmarktes voll auf die Realwirtschaft und somit auf alle Menschen durch.

1.3 Die Finanzkrise 2008/09: Auswirkungen auf Gesellschaft und Umwelt

Was hat die Finanzmarktkrise „mit mir" zu tun?

Auf die systemischen Risiken der sich rasant entwickelnden Finanzmärkte haben renommierte Wissenschaftler und Experten schon seit vielen Jahren hingewiesen. Dass es 2008 zu dieser Finanzkrise gekommen ist, war also nicht für alle Menschen überraschend. Dennoch sind wir heute und wahrscheinlich noch für viele Jahre mit den Folgen dieser Krise konfrontiert. Sie wirkt sich nämlich über die Realwirtschaft auf Gesellschaft und Umwelt aus, und damit werden Menschen in Mitleidenschaft gezogen, die für die

Entstehung dieser Krise überhaupt keine Verantwortung tragen.

Die Finanzkrise war in ihrem Kern eine Vertrauenskrise. Nachdem bekannt geworden war, dass Banken und Investmenthäuser Risiken des Finanzmarktes falsch eingeschätzt hatten, und man in der Folge nicht mehr wusste, welche Risiken in deren Bilanzen schlummerten, verliehen die Banken untereinander kein Geld mehr, weil sie nicht mehr darauf vertrauten, dass sie es je wiedersehen würden. Die Banken wurden aber auch insgesamt restriktiver bei der Kreditvergabe, was vor allem Unternehmen zu spüren bekommen. Die Vorstellung, dass die Wirtschaft nicht mehr ausreichend mit Finanzkapital versorgt wird bzw. dass die Finanzwirtschaft insgesamt zum Sanierungsfall wird, löste wiederum unter Finanzinvestoren Befürchtungen hinsichtlich eines Einbruchs der gesamten Wirtschaft aus. Tatsächlich war auch bald klar, dass die Weltwirtschaft in eine tiefe Rezession schlittert. Weltweit kam es zu Auftrags- und Produktionsrückgängen, Kurzarbeit und Entlassungen nahmen dramatisch zu. Auch wenn die Finanzkrise nicht die alleinige Ursache des Wirtschaftseinbruchs war, sondern viele ökonomische Faktoren (z. B. Überproduktion) zusammenwirkten, ist der massive Einfluss der Finanzmarktkrise auf die Realwirtschaft nicht zu leugnen. Die in den letzten Jahrzehnten praktisch unregulierte und unkontrollierte Entwicklung der Finanzmärkte hat sich also als schwerer Systemfehler herausgestellt: Die angenommene Selbstregulierung der freien Märkte hat nachweislich nicht funktioniert.

Um die Finanzwirtschaft wieder in Gang zu bringen, gingen die Notenbanken dazu über, die Zinssätze deutlich zu senken und die Finanzmärkte mit zusätzlicher Liquidität auszustatten. Trotzdem wurde immer deutlicher, dass sich viele Banken nicht mehr aus eigener Kraft vor der Pleite retten können. Staatliche Rettungsaktionen mussten ins Leben gerufen werden, um die Finanzindustrie – den „Blutkreislauf" der Weltwirtschaft – zu stützen. Als sich die Finanzkrise auf die Realwirtschaft auszuweiten begann, verabschiedeten die Staaten gewaltige Konjunkturprogramme. Sowohl die Rettungspakete für die Finanzindustrie als auch die konjunkturbelebenden Maßnahmen mit Staatsgeld führten zu einer massiven Neuverschuldung der Staaten, was konkrete Auswirkungen auf Gesellschaft und Umwelt hat. Denn diese Schulden müssen irgendwann wieder kompensiert werden – wie, das steht noch nicht fest. Auf jeden Fall fehlt nun Geld für die Finanzierung und Verwirklichung anderer Vorhaben. Sparen ist angesagt – und zwar auf breiter Linie. Vor allem, wenn der Sparstift im sozialen Bereich (etwa bei Sozialausgaben, in der Gesundheitspolitik oder Entwicklungszusammenarbeit) angesetzt wird, spüren das Menschen unmittelbar. Andere Konsequenzen der Verknappung staatlicher Finanzmittel werden hingegen erst mittel- bis langfristig spürbar werden. Dies betrifft insbesondere die Bereiche Bildung, (Grundlagen-) Forschung, Infrastruktur und Umweltschutz, die schon bisher in hohem Maß der öffentlichen Hand zugeordnet waren.

Die Auswirkungen der Finanz- und Wirtschaftskrise beeinträchtigen jedenfalls unsere Fähigkeit, anstehende gesellschaftliche und ökologische Herausforderungen zu meistern. Sie betreffen uns also sehr umfassend und beeinflussen nicht nur unser Leben, sondern auch das der nachfolgenden Generationen. Am härtesten aber trifft es Menschen in stark von Abhängigkeiten und prekären Verhältnissen geprägten Lebenssituationen: Weltweit rechnet die internationale Arbeitsorganisation ILO etwa mit 50 Mio. zusätzlichen Arbeitslosen – allein im Jahr 2009! Insgesamt wird erwartet, dass die Arbeitslosigkeit 2010 noch weiter steigen wird, und wie lange die Rezession insgesamt anhalten wird, ist alles andere als klar. Mehr als klar ist dagegen, dass gerade jene Menschen, die für die Finanz- und Wirtschaftskrise am wenigsten verantwortlich sind, weil sie über die geringsten Handlungsspielräume verfügen, am stärksten davon betroffen werden. Vor allem in den Entwicklungsländern wirkt sich die globale Rezession dramatisch aus: Hier, wo es bereits jetzt oft am Notwendigen mangelt, nehmen Armut, Elend und Hunger weiter rapide zu – nicht nur, weil Industrieländer ihre Mittel für Entwicklungszusammenarbeit kürzen, sondern weil Entwicklungsstaaten häufig Rohstofflieferanten oder Produzenten von Konsumgütern für die industrialisierte Welt sind und von Nachfrageeinbrüchen am stärksten betroffen sind. Die Aktivitäten und Geschehnisse auf dem Finanzmarkt haben also massive Auswirkungen auf Gesellschaft und Umwelt. Von da her wird deutlich, dass wir den Finanzmarkt und das Geldgeschäft sozial- und umweltverträglicher gestalten müssen. Finanzmärkte und Geld dürfen nicht Selbstzweck sein, sondern müssen dem gesellschaftlichen Wohlstand und der ökologischen Zukunftsfähigkeit dienen.

1.4 Antworten auf die Krise: Bloße Brandbekämpfung oder neue Brandschutzordnung?

Wie adäquat reagieren auf die Krise der Finanzmärkte?

Der deutsche Sozialethiker Friedhelm Hengsbach hat in Bezug auf die Neuordnung der Finanzmärkte in einem in der *Frankfurter Rundschau* vom 22. Oktober 2008 veröffentlichten Artikel gemeint, dass er schon „die Brandstifter am Steuer des Löschzuges sitzen" sieht. Er hat damit der Befürchtung Ausdruck verliehen, dass die Chance einer grundlegenden Neuausrichtung der Finanzmärkte ungenutzt bleiben und vielmehr lediglich versucht wird, den ursprünglichen Zustand wiederherzustellen, um „business as usual" fortzuführen. Dabei würde allerdings übersehen, dass die Finanzmärkte nicht durch ein punktuelles Ereignis und auch nicht durch eine unglückliche Verkettung von Einzelereignissen in Brand geraten sind, sondern insgesamt strukturelle und systemische Fehler aufweisen. Natürlich haben einige Akteure vom Zustand der Finanzmärkte und den dort sich bietenden Möglichkeiten des Geldverdienens sehr gut gelebt. Gleichzeitig haben die steigenden Aktienkurse und die beachtlichen Effizienzsteigerungen aber nicht dazu beitragen können, etwa Armut und Hunger in der Welt oder ökologische Probleme zu eliminieren. Die Kluft zwischen Arm und Reich wächst seit Jahren sogar, und 2009 meldete die Welternährungsorganisation, dass erstmals über eine Milliarde Menschen hungern. Während also die Gewinne der letzten Jahrzehnte privatisiert wurden, werden die Schulden dieser Entwicklung nun sozialisiert und der Allgemeinheit aufgelastet. Worum es nunmehr also gehen muss, ist nicht die Sanierung eines in die Krise geratenen Systems, sondern die Systemwende hin zu einer nachhaltigen Entwicklung. Nachhaltig ist eine Entwicklung, wenn sie dazu beiträgt, dass menschliches Leben auch in Zukunft gelingt. Ein bloßes Reparieren oder Instandsetzen des Finanzsystems reicht dagegen gewiss nicht aus, um auf die systemischen und strukturellen Ursachen der Finanz- und Wirtschaftskrise angemessen zu reagieren. Mehr noch: Damit wird lediglich die nächste Krise auf Schienen gelegt.

Der kurze historische Rückblick zu Beginn sollte zeigen, dass weder das Finanzsystem noch die Wirtschaft insgesamt ein Naturgesetz bzw. vom Himmel gefallen, sondern das Ergebnis technischer, gesellschaftlicher und politischer Prozesse und Entscheidungen ist. Die konkrete Ausgestaltung unseres Finanz- und Wirtschaftssystems hat sich über viele Jahrhunderte hinweg kontinuierlich weiterentwickelt und wird dies (hoffentlich) auch weiterhin tun. Auch diese Entwicklung verläuft nicht nach unbeeinflussbar festgelegten Regeln, sondern beruht auf den zu einer bestimmten Zeit in einer bestimmten Gesellschaft jeweils gelebten Werten und Überzeugungen. Die Art und Weise, wie wir wirtschaften, wie wir also produzieren und konsumieren, wie wir finanzieren und investieren, ist demnach prinzipiell gestaltbar.

Ethik beschreibt dabei den Prozess der Reflexion und Klärung der für unser Wirtschaften und unser Leben insgesamt gültigen Regeln und Normen. Es geht letztlich um die Frage: Wie wollen bzw. sollen wir leben? Während man in Zeiten persönlichen und gesellschaftlichen Wohlstands dazu neigt, damit verbundene Schattenseiten zu ignorieren, treten strukturelle bzw. systemische Probleme und Risiken in Krisenzeiten deutlich in unser Bewusstsein. Damit birgt jede Krise auch die Chance auf Besinnung und Rekapitulation: Welchen Sinn und Zweck verfolgen all unsere wirtschaftlichen Aktivitäten? Sind sie einzig darauf ausgerichtet, Gewinn zu erzielen? Sind wirtschaftliche Unternehmen und Institutionen nur dann effizient, wenn sie mit möglichst wenig Kosten möglichst viel produzieren, oder ist diese Effizienz noch einmal rückgebunden an das, was – unter Beachtung von Nachhaltigkeitserwägungen – die Freiheit des Menschen fördert und gesellschaftlichen Wohlstand schafft?

Solch selbstkritische Reflexionen führen unweigerlich zum Befund, dass ein umfassender Wandel unseres Wirtschaftsstils unausweichlich ist, will man vermeiden, dass die durch ihn verursachten Spannungen und Verwerfungen zum Bruch des sozialen Friedens führen. Die historische Lektion der Weltwirtschaftskrise zwischen den beiden Weltkriegen warnt mehr als deutlich: Ein bloßes Durchtauchen der Krise, ein Wiederanschließen ans alte System ohne entschlossene Systemreform kann fatale Folgen zeitigen, weil damit die systemischen und strukturellen Ursachen der Krise bestehen bleiben und über kurz oder lang die nächste – und vermutlich noch schwerere – Krise vorgezeichnet ist. Wir müssen stattdessen einen umfassenden Wandel vollziehen und zu einem Wirtschafts- und Lebensstil finden, in dem Entwicklungs- und Lebenschancen gerechter verteilt sind und die Zukunftsfähigkeit unserer Welt gesichert ist.

Der Weg dahin ist schwierig, und wir können auch nicht sicher sein, ob er tatsächlich gelingen wird. Immerhin müssen wir dazu nicht bei null anfangen, sondern können auf einer Reihe von Vorschlägen und Ideen aufbauen, die bereits vorliegen. Eines aber muss klar sein: Wir müssen den Wandel versuchen. „There is no alternative!"[6]

1.5 Maßnahmen für nachhaltiges Wirtschaften und eine zukunftsfähige Welt

Systemreform wohin?

So bedrängend die jüngste Finanz- und Wirtschaftskrise das Scheitern einer auf Gewinnmaximierung und Selbstregulierung basierenden Wirtschaftsverfassung auch vor Augen führt, ihre Systemfehler sind uns spätestens seit Erscheinen des Berichts des *Club of Rome* über „Die Grenzen des Wachstums" im Jahr 1973 bekannt und seither mehrfach bestätigt worden. Soziale Ungerechtigkeit, Massenelend sowie die Vernichtung nicht erneuerbarer Ressourcen und damit die Gefährdung der ökologischen Tragfähigkeit unserer Biosphäre sind seit Erscheinen des *Brundtland*-Berichtes 1987 und der damit einsetzenden Diskussion um eine nachhaltige Entwicklung Gegenstand nationaler und internationaler Schwerpunktprogramme. Kaum jemand bezweifelt heute noch die Brisanz der beschriebenen Herausforderungen, und vielerorts ist man sich der Notwendigkeit eines damit verbundenen neuen Wirtschaftsstils bewusst. Was bisher davon abgehalten hat, eine nachhaltige Entwicklung konsequenter zu verfolgen, war der mit geradezu dogmatischer Vehemenz vorgetragene Glaube in die Selbstheilungskraft der Märkte, die – geleitet von einer „unsichtbaren Hand" und begleitet von technischen Innovationen – unsere Zukunft sichern würden. Jetzt – in der Erkenntnis, dass die einseitige Fixierung auf quantitatives Wachstum und Gewinnmaximierung kein zukunftsfähiges Konzept ist – sind die Weichen für eine neue Wirtschaftsordnung auf globalen Wohlstand und eine nachhaltige Entwicklung zu stellen. Hierzu wird aktuell eine Reihe von Maßnahmen im Bereich der Finanzmärkte diskutiert, die diesen Wandel bewirken können. Diese sind auf verschiedenen Ebenen – Makro-, Meso- und Mikroebene – anzusiedeln. Auf Basis dieser drei Ebenen wird versucht, die konkreten Handlungsfelder und Zielgruppen eines ethisch verantwortlichen und nachhaltigen Finanzmarktes präziser zu fassen.

1.5.1 Ordnungspolitische Maßnahmen auf der Makroebene

Auf der Makroebene geht es um die Frage, innerhalb welcher Rahmensetzungen bzw. Regeln Finanzmarkt-Aktivitäten überhaupt stattfinden sollen. In der gegenwärtigen Diskussion ist in diesem Zusammenhang die Rede von einer neuen „globalen Finanzarchitektur", weil klar ist, dass in einer globalisierten Welt nur global geltende Regeln Wirkung haben. So zeigt sich etwa anhand der aktuellen Finanzkrise, dass mangelnde Transparenz und Regulierung der Finanztransaktionen zu einer Destabilisierung des gesamten Wirtschaftssystems geführt haben – und zwar, weil nationale Aufsichts- und Regulierungsinstitutionen im Zuge der Liberalisierung und Globalisierung der Finanzmärkte zunehmend wirkungslos wurden und man es trotzdem nicht für erforderlich hielt, entsprechende internationale Organe zu installieren. Damit entwickelte sich ein Finanzmarkt, der regionale und temporäre Vorteile schnell zu nutzen wusste und bei vielen Ländern eine Deregulierungsspirale nach unten auslöste – mit vor allem zwei Auswirkungen: Einerseits wollte ja kein Land, dass Finanzkapital in Staaten mit geringerer Kapitalbesteuerung abwandert. Deshalb wurde damit begonnen, Steuersätze für Finanzmarktakteure zu senken, was dazu führte, dass Banken und andere Finanzinstitutionen heute zu jenen Wirtschaftsakteuren zählen, die – trotz immenser und stetig wachsender Gewinne – die geringsten prozentuellen Beiträge zum Steueraufkommen leisten und überdies noch Steuerschlupflöcher nutzen können. Andererseits wurde es den Finanzmarktakteuren mit liberalisierten Niederlassungsbestimmungen aber auch erleichtert, sich jene Länder mit den geringsten Auflagen in Hinblick auf Kontrolle und Regulierung der getätigten Geschäfte und entwickelten Produkte auszusuchen.[7] Eine globale und politisch besser abgestimmte Finanzarchitektur müsste derartigen Entwicklungen vorbauen.

Daneben besteht zunehmender Handlungsbedarf gegenüber bestimmten Finanzmarkt-Praktiken. Als im Herbst 2008 an manchen Börsen die sogenannten Leerverkäufe von Finanztiteln verboten wurden, ging ein Ruck durch die Branche, denn bis dahin waren solche Eingriffe in das Marktgeschehen unvorstellbar gewesen. Leerverkäufe – auch *Shortselling* genannt – sind Verkäufe von Finanztiteln (etwa Aktien), die man zum Zeitpunkt des Verkaufs noch gar nicht besitzt. Die Idee dahinter: Der Kurs der (oft in großen Mengen) leerverkauften Titel würde sinken – mit einem Kauf zu einem späteren Zeitpunkt und einem niedrigeren Kurs kann dann ein Gewinn erzielt werden. Diese Taktik arbeitet praktisch mit der Logik einer „selffulfilling prophecy". Im Herbst 2008 hatte diese Praxis jedoch dazu geführt, dass vor allem Bankaktien unter massiven Druck gerieten und in die Insolvenz zu schlittern drohten – mit unabsehbaren Folgen für andere Wirtschaftssektoren.

Eine ebenfalls weitverbreitete Praxis auf den Finanzmärkten besteht darin, mittels Kreditaufnahme das Anlagekapital zu erhöhen, um mehr Gewinn erzielen zu können.[8] Ein Verhältnis von 1:10 zwischen Eigenkapital und aufgenommenem Kredit war dabei bis zum Ausbruch der Finanzkrise durchaus üblich und konnte ohne Weiteres auch bei 1:30 liegen. Die Problematik dieser fremdfinanzierten Finanzmarktspekulation – auch Hebelung oder Leveraging genannt – liegt auf der Hand: Schlägt die Spekulation fehl, hat der Investor einen entsprechend gehebelten Verlust zu verbuchen. Dazu kommen noch die natürlich auch in diesem Fall anfallenden Kreditkosten. Die Gesamtkosten übersteigen im Fall eines Verlustes also das ursprünglich eingesetzte Eigenkapital bei Weitem; der Investor ist in der Regel zahlungsunfähig. Das klingt haarsträubend, und man kann sich kaum vorstellen, dass diese Praxis sehr verbreitet ist. Das Gegenteil ist jedoch der Fall.[9] Nun stellen einzelne Fehlspekulationen den Finanzmarkt zwar noch nicht vor unlösbare Probleme, die Pleite von größeren Finanzmarktakteuren kann jedoch Kettenreaktionen auslösen und einen Crash des Markts bewirken.

Anhand dieser Beispiele wird deutlich, dass sich die Finanzmärkte in immer geringerem Ausmaß an ihrer Kernfunktion – der Finanzierung realwirtschaftlicher Vorgänge – orientieren und einige Finanzmarkt-Aktivitäten dem Gemeinwohl geradezu abträglich sind, indem sie ein gesellschaftliches Risiko und ein hohes volkswirtschaftliches Schadenspotenzial bergen. Von da her ist es auch verständlich und berechtigt, dass konkrete Forderungen erhoben werden, die auf mehr Transparenz und Regulierung der Finanzmärkte abzielen. Dabei geht es nicht darum, den Finanzmärkten bzw. ihren Akteuren ein derart enges Korsett von Regeln und Verboten zu verpassen, dass sie bewegungsunfähig werden. Vielmehr muss es das Ziel sein, die sinnvolle und wichtige Funktion der Finanzmärkte und ihrer Akteure zur Ermöglichung realwirtschaftlicher Prozesse wieder in den Vordergrund zu rücken und Risiken und Gefahren rechtzeitig zu erkennen bzw. zu vermeiden. Dazu bedarf es einer möglichst globalen Abstimmung. So wird derzeit diskutiert, eine internationale Finanzmarkt-Aufsichtsbehörde zu installieren. Auf nationaler Ebene bestreitet niemand die Notwendigkeit derartiger Kontrollinstanzen, aber es ist nur folgerichtig, deren zu kurz greifende nationale Kompetenzen durch eine globale Instanz zu ergänzen. Darüber hinaus ist es erforderlich, Steueroasen bzw. steuerrechtliche Schlupflöcher zu schließen, damit nationale Standards und Regeln nicht umgangen werden können, sondern für alle in gleicher Weise gelten. Finanzprodukte müssen – so der Vorschlag des Ökonomie-Nobelpreisträgers Joseph Stiglitz – außerdem einer Sozial- und Umweltverträglichkeitsprüfung unterzogen werden, denn die diesbezüglichen Auswirkungen von Finanzinstrumenten wurden bislang unterschätzt.

Ein weiterer Vorschlag auf ordnungspolitischer Ebene geht in Richtung einer globalen Finanztransaktionssteuer mit dem Ziel, kurzfristige Finanzspekulationen einzudämmen und außerdem Steuereinnahmen zu generieren. Die Grundidee stammt bereits aus den 1970er-Jahren und wurde erstmals unter dem Begriff *Tobin-Tax* – benannt nach dem US-amerikanischen

Wirtschaftswissenschaftler James Tobin – als Bagatellsteuer auf Devisentransaktionen diskutiert. Inzwischen wurde die Idee weiterentwickelt und auf die Besteuerung jeglicher Art von Finanztransaktionen – also etwa auch auf den Handel von Aktien, Obligationen oder Derivaten – ausgedehnt. Nach einem Vorschlag des österreichischen Wirtschaftsforschers Stephan Schulmeister könnte demnach jede Finanztransaktion mit dem Steuersatz von 0,01 % besteuert werden und so zu einer Stabilisierung der Finanzmärkte beitragen, weil damit zwar kurzfristige und destabilisierende Spekulationen hintangehalten, andere Handelsformen aber nicht beeinträchtigt würden. Die Einführung einer solchen Steuer stellt technisch keine unlösbare Herausforderung dar und könnte – falls es keine globale Vorgehensweise gibt – auch von einzelnen Ländern bzw. Wirtschaftsräumen durchgesetzt werden.[10] Die dabei generierten Steuereinnahmen – bezogen auf die EU schätzt man die Steuereinnahmen auf 60 bis 70 Mrd. Euro pro Jahr – könnten für soziale, ökologische sowie entwicklungspolitische Projekte und den Abbau der im Zuge der Finanzkrise entstandenen Staatsverschuldung dienen.

Dass die globalen Herausforderungen unserer Zeit nur durch einen globalen Schulterschluss zu bewältigen sein werden, hat auch Papst Benedikt XVI. in seiner Enzyklika *Caritas in veritate* (2009) bekräftigt, in der er eine „echte politische Weltautorität" (Nr. 67) sowie eine „Zivilisierung der Wirtschaft" (Nr. 38) fordert. Diese „Zivilisierung der Wirtschaft" kann aber wenigstens teilweise auch unmittelbar durch nationalstaatliche Maßnahmen erfolgen. Ein wichtiger Schritt in diese Richtung wäre es etwa, wenn die einzelnen Staaten – und mit ihnen staatsnahe Unternehmen – Gelder nur mehr nach solchen ethischen und nachhaltigen Gesichtspunkten anlegen, auf die sie sich ohnehin schon im Wege nationaler Gesetze sowie internationaler Abkommen verpflichtet haben: Einhaltung von Menschenrechten, Klimaschutz, Steuerehrlichkeit etc. Warum sollten diese staatlichen Selbstverpflichtungen nicht auch in der Geldanlage Berücksichtigung finden? Es wäre umgekehrt doch eine Konterkarierung der eigenen Politik, einerseits die heimische Wirtschaft auf bestimmte ethische Regeln und Standards zu verpflichten und andererseits als Investor auf den internationalen Finanzmärkten zu agieren, ohne dabei dieselben Regeln und Standards geltend zu machen. In gleicher Weise sollte der Staat Förderungen und Zuschüsse von eigenen sozial- und umweltpolitischen Zielvorstellungen abhängig machen, indem etwa Förderungen für private Pensionsvorsorgeprodukte nur gewährt werden, wenn die Gelder nachweislich unter Beachtung dieser gesetzlich verankerten Ziele veranlagt werden, oder indem die Ausschüttung von Bausparprämien an die Bedingung geknüpft wird, die Vergabe von Bauspardarlehen etwa an ökologisch vertretbare Baustandards zu koppeln.

Ordnungspolitische Maßnahmen erfordern politische Entscheidungen. In den letzten Jahren hat der Einfluss wirtschaftlicher Interessen auf politische Entscheidungen eine gravierende Rolle gespielt, und auch heute ist die Macht der Finanzindustrie ein bestimmender Faktor in der politischen Realität. Es bleibt abzuwarten, ob sich die Politik tatsächlich zu richtungsweisenden Maßnahmen durchringen kann. Eine wichtige Rolle spielt dabei die stetig wachsende Zahl jener Menschen und Nichtregierungsorganisationen, die sich zivilgesellschaftlich organisieren und zunehmend ein Gegengewicht zum Lobbyismus der Finanzindustrie aufbauen.

1.5.2 Bankgeschäftliche Maßnahmen auf der Mesoebene

Aufgrund der vor allem in den 1980er- und 1990er-Jahren erfolgten Deregulierung und Liberalisierung der Finanzmärkte, aber auch begünstigt durch zahlreiche technische Innovationen ist die Finanzwirtschaft in den letzten Jahrzehnten eine der am stärksten wachsenden Branchen gewesen.[11] Bei den Banken findet dieses überdurchschnittliche Wachstum u. a. in der in Relation zu den Kreditaushaftungen geringen Eigenkapitalausstattung seinen Ausdruck, was auch zunehmend Probleme bereitet. In den letzten Jahren kam darüber hinaus die gesellschaftliche Verantwortung der Banken vermehrt in den Blick. Banken übernehmen an den Finanzmärkten die bedeutsame Rolle von Intermediären: Sie nehmen Einlagen entgegen und leiten diese entweder als Kredite weiter oder investieren sie an den Finanzmärkten. In erster Linie tun sie das, um Rendite zu erwirtschaften, aber abseits dieser rein ökonomischen Logik drängt sich die Frage auf, auf welche Weise diese Rendite erzielt wird bzw. welche ökologischen und sozialen Auswirkungen die Aktivitäten von Banken haben. Es geht dabei also um die Frage, ob bzw. wie Banken ihrer gesellschaftlichen Verantwortung gerecht werden.

Diese soziale Verantwortung zeigt sich vor allem in drei Bereichen: erstens in der Verantwortung gegenüber den eigenen Kunden. In letzter Zeit mehren sich Vorwürfe, dass die Banken intransparente und für die Kunden mitunter sogar nachteilige Produkte entwickeln und verkaufen. Aktuell ist sogar eine Reihe von Gerichtsverfahren mit genau solchen Klagsgegenständen anhängig. Andererseits sehen sich Banken dem Vorwurf ausgesetzt, dass sie mit nur vorgeblich billigen Krediten für die Überschuldung ihrer Kunden verantwortlich sind. Insgesamt steht der Vorwurf im Raum, dass die Banken nur noch am eigenen Gewinn, also auch nur noch am Menschen als Kunden Interesse haben. Indem ihnen also vorgeworfen wird, dass sie für den Großteil ihrer Kunden nur noch provisionsorientierte Beratung durchführen, anstatt sich an deren tatsächlichen Bedarfslagen zu orientieren, wird überhaupt der gesellschaftliche Nutzen ihres Geschäftskonzeptes fraglich. Dazu kommt, dass sie ihre hohen Gewinne wiederum hauptsächlich verwenden, um sie gewinnbringend auf den Finanzmärkten anzulegen, anstatt damit den realwirtschaftlichen Kreditbedarf zu bedienen. Auch damit stiften sie letztlich keinen gesellschaftlichen Nutzen, sondern generieren mitunter sogar Schäden für das Gemeinwohl.

Ein zweiter Verantwortungsbereich betrifft die ökologischen und sozialen Folgen der Kreditfinanzierungen durch Banken. Kredite zu vergeben und wirtschaftliche Aktivitäten somit überhaupt erst zu ermöglichen, wäre ja ihre zentrale Funktion und ihr originärer gesellschaftlicher Beitrag. Ein Problem ergibt sich jedoch, wenn sie Aktivitäten finanzieren, die per se sozial oder ökologisch unverantwortlich sind, wie etwa den Bau von manchen wirtschaftlichen Großprojekten mit deren für Mensch, Gesellschaft und Umwelt oft unabsehbaren Folgen. Tatsächlich ist es für Bankkunden zumeist nicht ersichtlich, wofür das von ihnen eingelegte Geld verwendet wird. Nur wenige Banken bieten hier Transparenz und haben bezüglich der Verwendung der ihnen von den Kunden anvertrauten Gelder ökologische und soziale Kriterien. Eine zentrale Forderung an Banken ist deshalb, gesellschaftlich kontroverse bzw. nicht nachhaltige Wirtschaftsaktivitäten nicht mehr zu finanzieren.

Ein dritter Verantwortungsbereich betrifft die Gewinnsituation von Banken und die Entlohnungskultur für Bankmanager. Banken haben in den letzten Jahren prächtig verdient, doch ihre bis zum Krisenjahr 2008 stetig steigenden Gewinne korrespondierten nicht mit einer zu erwartenden höheren Steuerleistung der Banken. Im Zuge der Debatte um die Schließung von Steueroasen stellte sich heraus, dass die Banken selbst von Steueroasen profitieren, indem sie Teile ihrer Geschäftstätigkeit dorthin auslagern und somit Steuerzahlungen im Inland vermeiden. Überhaupt scheinen die tatsächliche Höhe der von Banken geleisteten Steuern und deren Anteil am Gewinn zwei der am besten gehüteten Bankgeheimnisse zu sein. Mehr Transparenz und eine kritische Diskussion über die gesellschaftspolitischen Auswirkungen einer auf Steuerumgehung angelegten Bilanzierungspraxis sind deshalb dringend erforderlich. Eine offensichtliche Diskrepanz ergibt sich auch zwischen der Leistung und dem Einkommen von Bankmanagern. Nicht nur die absolute Höhe von Managergehältern, auch der dabei verwendete Leistungsbegriff sind dringend zu hinterfragen. Die hohen Einkommen von Bankmanagern werden in der Regel damit verteidigt, dass ihr persönlicher Beitrag für die hohen Bankgewinne ausschlaggebend und essenziell ist. Wie sich im Verlauf der Finanzkrise aber herausstellte, waren diese hohen Gewinne nicht substanziell und mit einem hohen Risiko behaftet. Während die Gehälter und Boni der Manager sofort fällig werden, erweisen sich ursprünglich ausgewiesene Gewinne oftmals erst nach Jahren als Schall und Rauch. Die verbreitete Praxis, dass Bankmanager gleichzeitig Aufsichtsräte in anderen Banken sind und somit über die Höhe der Managergehälter – und damit über das branchenübliche

Niveau von Bankmanagergehältern – bestimmen, erweist sich vor diesem Hintergrund als zusätzlich bedenklich. Dass Bankmanager zudem in politischen Funktionen und in der Politberatung tätig sind, dass sie in die Politik und Politiker in die (Finanz-) Wirtschaft wechseln, ist zwar an sich nicht illegitim. Vor dem Hintergrund der damit entstehenden Machtfülle zur Durchsetzung von Gruppen- und Individualinteressen und angesichts der mitunter schon unverschämten Selbstverständlichkeit bei Ämter- und Postenvergaben stellt diese enge Verwobenheit von Politik und (Finanz-)Wirtschaft eine immense demokratiepolitische Gefahr und Herausforderung dar.

Banken werden in unserer kapitalistisch verfassten Marktwirtschaft auch weiterhin eine wichtige Funktion haben und die Finanzierung realwirtschaftlicher Aktivitäten ermöglichen. Es geht also nicht darum, sie abzuschaffen. Im Zuge der dynamischen Entwicklungen an den Finanzmärkten ist jedoch die Orientierung der Bankaktivitäten an realwirtschaftlichen Erfordernissen in den Hintergrund getreten. Stattdessen haben der Bereich des Investmentbankings und die Entwicklung immer neuer Finanzmarktprodukte mit dazugehörigen Handelsplattformen massiv an Bedeutung gewonnen. Und genau hier liegen die Risiken und Gefahren von Finanzkrisen für die restliche Wirtschaft. Es ist deshalb unausweichlich, den gesamten Banken- und Finanzdienstleistungssektor zu reformieren und wieder an realwirtschaftlichen Bedarfslagen und Gemeinwohlinteressen auszurichten. Dazu ist es erforderlich, nicht nur auf der Makroebene der internationalen Finanzpolitik neue Rahmenordnungen für die Tätigkeit von Banken zu schaffen, sondern die Geschäftskonzepte von Banken selbst kritisch zu reflektieren und entsprechende gesetzliche

Vorgaben zu entwickeln. Eine konkret diskutierte Maßnahme betrifft etwa die Veröffentlichung und Transparenz von Bankaktivitäten – hinsichtlich ihrer Kreditvergabepraxis ebenso wie der Mittel- und Gewinnverwendung oder der Entlohnungspraxis von Mitarbeitern und Managern. Ansätze hierzu gibt es bereits in Form von Nachhaltigkeitsberichten, in denen Banken über ihre soziale und ökologische Leistung berichten. Dies machen einige Banken bis jetzt auf freiwilliger Basis, und mitunter wird kritisiert, dass die wirklich kritischen Punkte dabei unter den Tisch fallen. Es ist also erforderlich, dass Banken entweder freiwillig in wesentlich umfassenderer und differenzierterer Weise über ihre Geschäftstätigkeit im Allgemeinen als auch über ihre Sozial- und Umweltstandards im Speziellen berichten und sich hier auch einem öffentlichen Diskurs öffnen, oder – falls sich der freiwillige Weg als unzuverlässig erweist – Banken gesetzlich auf derartige Transparenz- und Informationsstandards zu verpflichten.

1.5.3 Maßnahmen auf der Mikroebene

Den Beginn und den bisherigen Verlauf der jüngsten Finanzkrise können wir heute bereits ziemlich genau beschreiben: Auslöser waren das Platzen einer Immobilienblase in den USA, der daran anschließende Ausfall von Immobilienkrediten und der Zusammenbruch daran gekoppelter Finanzprodukte. In der Folge sind quer über den Globus zuerst die Finanzwirtschaft und dann die Realwirtschaft in massive Bedrängnis gekommen.

Das „Wie" können wir also einigermaßen beschreiben, hinsichtlich des „Warum" gibt es aber noch viele Fragen. Warum haben erfahrene Politiker, hoch dekorierte Wissenschaftler, bestbezahlte Manager und wachsame Journalisten die Risiken, die sich in den letzten Jahren auf den Finanzmärkten aufgebaut haben, entweder gar nicht oder nur ungenügend wahrgenommen? Warum hat niemand auf die Kritiker dieses Systems gehört, die genau auf diese Risiken hingewiesen haben? Im Rückblick ist es tatsächlich erstaunlich festzustellen, wie viele Warnungen und Hinweise es zur bevorstehenden Krise bereits gegeben hat. Und die warnenden Stimmen stammten keineswegs von Weltverschwörungstheoretikern und Panikmachern, sondern durchwegs von Menschen mit Fachexpertise und hoher wissenschaftlicher bzw. politischer Reputation. Wahrscheinlich haben Gier, Maßlosigkeit und absichtliche Ignoranz eine große Rolle gespielt, wenn es darum ging, Eigen- gegen Gemeinwohlinteressen abzuwägen. Aber auch das reicht bei Weitem nicht aus um zu erklären, warum die Aufblähung des Finanzmarktes zu einem gigantischen Spielcasino möglich war, ohne dass die gelegentliche Kritik an dieser Entwicklung von einer größeren Öffentlichkeit übernommen wurde und sich daraus zumindest ein öffentlich-politisches Gegengewicht hätte bilden können.

Vermutlich wurden die kritischen Stimmen einfach deshalb nicht ernst genommen, weil in den letzten Jahrzehnten zu viele Menschen zumindest kurzfristig sehr gut von der Liberalisierung des Finanzmarktes und den sich daraus ergebenden Möglichkeiten der Geldanlage profitiert haben. Vielfach hat es sich gar nicht mehr gelohnt, realwirtschaftlich zu investieren oder ein Unternehmen weiterzuführen, weil das dafür erforderliche Kapital an den Finanzmärkten viel höhere Renditen versprach.[12] Aber war das wirklich so? Sind es konkrete Zahlen, Daten und Fakten, die unser Urteil über die Finanzmärkte prägen, oder nicht vielmehr Bilder, Eindrücke, Vorstellungen und Annahmen? Es gibt zwar Statistiken, wie sich Aktienmärkte und Investmentfonds entwickelt haben, aber es gibt keine Untersuchungen, wie viele Investoren an den Finanzmärkten tatsächlich gewonnen haben. Es besteht zwar kein Zweifel an den teils gewaltigen Gewinnen, die auf den Finanzmärkten erzielt wurden, aber wie diese verteilt sind, ist weitgehend ungeklärt. Liest man die Prospekte und Anzeigen der Finanzindustrie, entsteht der Eindruck, dass jeder, der nur schnell, clever und raffiniert genug ist oder zumindest die „richtige" Bank wählt, an den Finanzmärkten reich werden kann. Die technischen Möglichkeiten, insbesondere das Internet, machen es möglich, das Auf und Ab an den Börsen hautnah mitzuerleben und sich endlich zu beweisen, dass man „es" auch drauf hat. Und die Wirtschaftsmagazine heben stets jene auf die Altäre der öffentlichen Anbetung, die „es" geschafft haben: die Fondsmanager des Jahres oder die waghalsigsten Spekulanten. Über jene, die gescheitert und ruiniert sind, wird kaum berichtet. Es gibt sie aber genauso, und man findet sie immer häufiger in der Schuldnerberatung.[13] Erliegen wir also lediglich einem Mythos, dass an den Börsen das große Geld zu holen ist?

Dazu kommt, dass einige Finanzprodukte so angelegt sind, dass für die Investoren gar kein Gewinn möglich ist. Die Rendite dieser Produkte orientiert sich häufig an der zukünftigen Entwicklung von Kursen, und der Kunde erzielt nur dann einen Gewinn, wenn seine Einschätzung richtig war. Doch selbst dann ist der Gewinn noch nicht sicher. Die Produkte enthalten nämlich mitunter Klauseln, die den Investor zeitlich an das Produkt binden, dem Emittenten aber ein Kündigungsrecht einräumen, sobald sich die Kurse zugunsten des Kunden entwickeln. Dieser kann bei solchen Produkten also von vornherein gar keinen Gewinn machen, wird aber in diesem Glauben belassen. Gewinne gibt es dann nur für all jene, die das Produkt entwickeln, betreiben und vermarkten. Dem Einzelinvestor bleibt in solchen Fällen der Rechtsweg fast immer verwehrt; lediglich Verbandsklagen – etwa von Konsumentenschutzorganisationen – konnten in letzter Zeit auf diese sittenwidrigen Praktiken aufmerksam machen.

Weitere „Mythen" des Finanzmarktes betreffen die Effizienz der Finanzmärkte und die Wissenschaftlichkeit finanzmathematischer Modelle. So wird einerseits der Eindruck erweckt, dass Finanzmärkte dann am besten funktionieren, wenn sie sich möglichst frei und ohne regulative Einschränkungen entfalten können. Die aktuelle Finanzkrise hat dies jedoch eindrucksvoll als Mythos entlarvt, und die Mehrzahl der zuvor auf die Zurückdrängung staatlicher Kontrolle bedachten Freimarktideologen anerkennt nun die Erfordernis politischer Eingriffe und zumindest partieller Aufsicht durch unabhängige und demokratisch legitimierte Institutionen. Hartnäckiger hält sich noch der Mythos, dass mittels finanzmathematischer Modelle oder speziell entwickelter Computerprogramme die Möglichkeit besteht, Renditen zu erzielen, die weit über dem Marktdurchschnitt liegen. Und das, obwohl bereits 1998 mit dem Zusammenbruch des Hedgefonds LTCM *(Long Term Capital Management)* deutlich wurde, dass selbst Modelle, die von Ökonomie-Nobelpreisträgern entwickelt wurden, nicht allzu viel wert sind. Auch der Skandal rund um den Finanz- und Börsenmakler Bernard Madoff im Jahr 2008 brachte ans Tageslicht, dass seine genial anmutende Investmentformel in Wahrheit nur ein Schneeballsystem war, bei dem Renditen nur auf dem Papier entstanden und von Kunden entnommene Gewinne mit neuen Kundeneinlagen beglichen wurden. Am Ende standen ein Schaden von mehr als 50 Mrd. US-Dollar und die Erkenntnis, dass niemand ein auch noch so fragwürdiges System in Frage stellt, solange die Erträge und Provisionszahlungen stimmen.

Freilich bedeutet das nicht, dass alle Anlageprodukte von solchen Vorwürfen und Missständen betroffen sind. Und natürlich macht es in bestimmten Situationen auch Sinn, Geld nicht nur am Sparbuch anzulegen, sondern auch auf andere Weise. Eine zentrale Forderung auf der Mikroebene – der Ebene der konkreten Geldanlage – lautet deshalb, Transparenz, Information und rechtliche Sicherheit der Investoren mit einer neuen Qualität zu versehen. Die Investoren selbst können dazu einen Beitrag leisten, indem sie Angebote, Produkte und Informationen kritisch hinterfragen und Renditeversprechen daraufhin reflektieren, unter welchen Bedingungen diese Renditen erwirtschaftet werden. Dazu bedarf es freilich einer grundlegenden Finanz-Alphabetisierung, die vielfach erst zu entwickeln ist. In Summe sind die Entmythologisierung des Finanzmarktes, eine realistische Beurteilung der Vorgänge dort und die darauf gründende Kompetenz bei Investmententscheidungen eine wichtige Voraussetzung für einen Wandel zu mehr Nachhaltigkeit am Finanzmarkt.

Anmerkungen:

1 1 kg Gold war z. B. exakt 2.790 Reichsmark oder 136,57 britische Pfund wert.
2 Am Höhepunkt der Krise waren in Deutschland im Jahr 1932 mehr als 16 % der Gesamtbevölkerung arbeitslos; über 6 Millionen arbeitslose Menschen standen nur 12 Millionen Beschäftigten gegenüber!
3 Mitunter wird diese Finanzkrise des Jahres 1929 mit der von 2008 verglichen; allerdings unterscheiden sich die beiden doch stark voneinander. Vor allem die Reaktionen auf die Krise waren sehr unterschiedlich: Während 1929 die Regierungen nicht in die Krise eingriffen, sondern die Auffassung vertraten, es handle sich um eine rein wirtschaftliche Angelegenheit, in die sich die Staaten nicht einzumischen hätten, intervenieren sie seit 2008 mit massiven Stützungsmaßnahmen für die Finanzindustrie und gewaltigen Konjunkturprogrammen für ihre Realwirtschaften. Ein Grund dafür dürften gerade die negativen Erfahrungen aus der Nichteinmischungspolitik der 1930er-Jahre sein.
4 Unter „Realwirtschaft" verstehen wir jenen Sektor der Wirtschaft, welcher der Entwicklung, der Produktion und dem Austausch tatsächlicher Güter und Dienstleistungen – also realer und nicht bloß finanzieller Werte – dient.
5 Zum Vergleich: 1992 betrug das durchschnittliche tägliche Handelsvolumen an den Devisenmärkten weltweit noch 820 Mrd. US-Dollar.
6 In Hinblick auf den notwendigen Systemwandel hat dieses historische Diktum der neoliberalen „Iron Lady" der 1980er-Jahre Margret Thatcher durchaus seine Richtigkeit. Leider hatte sie es ganz anders gemeint und die Weltwirtschaft damit auf einen – wie sich heute zeigt – fatalen Liberalisierungs- und Deregulierungskurs eingeschworen.
7 Hedgefonds etwa sind rechtlich überwiegend in sogenannten *Offshore*-Gebieten domiziliert wie z. B. den Kaimaninseln, den Bermudas, Gibraltar und den britischen Jungfern- und Kanalinseln. Geleitet werden diese Fonds jedoch durchaus von den Finanzzentralen New York und London aus, wo eine blühende Finanzindustrie mit zigtausenden Arbeitsplätzen entstanden ist. Von da her ist es auch nicht verwunderlich, dass gerade die USA und Großbritannien sich gegen zu starke Veränderungen des status quo wehren.
8 Ein Beispiel: Zusätzlich zu einer vorhandenen Investitionssumme – 1 Mrd. Euro – wird ein Kredit aufgenommen, sagen wir 10 Mrd. Euro. Der Investor rechnet mit einer Rendite von z. B. 10 % seines Investments; das wären bei 1 Mrd. eingesetztem Kapital 100 Mio. Erhöht er aber seinen Investitionsbetrag um weitere 10 Mrd., würde die 10%ige Rendite bereits 1,1 Mrd. betragen. Abzüglich der Finanzierungskosten für den Kredit – nehmen wir an, der Kredit

kostet 5 % bzw. 500 Mio. Euro – verbleibt immerhin ein Nettogewinn von 600 Mio. Euro. Durch die Kreditaufnahme wurde der Gewinn des Investors also versechsfacht!

9 So war es gerade diese Kreditpraxis, die etwa zum Zusammenbruch der österreichischen Bank für Arbeit und Wirtschaft (BAWAG) geführt hat, die damals im Eigentum des Österreichischen Gewerkschaftsbundes (ÖGB) stand und nunmehr dem US-Hedgefonds Cerberus gehört.

10 Tatsächlich besteht eine Art Finanztransaktionssteuer bereits in Großbritannien, und zwar seit den 1980er-Jahren. Die *Stamp-Duty* besteuert den Handel mit Aktien britischer Unternehmen auf der Basis eines Steuersatzes von 0,5 %. Im Jahr 2006 wurden damit 3,4 Mrd. Pfund eingenommen, das sind 0,8 % des britischen Bruttoinlandsprodukts. Die Einhebungskosten dieser Steuer sind aufgrund der elektronischen Abwicklung vernachlässigbar, und ihre Einführung hat – allen Unkenrufen zum Trotz – auch nicht dazu geführt, dass der Handel mit den betroffenen Aktien abgeflaut oder in Steueroasen abgewandert wäre. Die Einführung einer Finanztransaktionssteuer erweist sich von da her ausschließlich als eine Frage des politischen Willens.

11 Während auf der nach Umsätzen gestaffelten *Fortune*-Liste 1989 unter den 50 weltweit größten Unternehmen noch kein einziges Finanzunternehmen zu finden war, kamen 2005 bereits 17 der 50 größten Unternehmen aus der Finanzbranche.

12 Sogar einige klassische Industriekonzerne sind in den Jahren des Finanzmarktbooms auf diese Weise hinsichtlich ihrer Wertschöpfungsstruktur zu „Bankhäusern mit angeschlossener Kleinfertigung" mutiert.

13 Im Rahmen einer Studie aus dem Jahr 2004 wurde eine Gruppe von Privatpersonen beobachtet, die riskante Börsengeschäfte tätigte. Im Wesentlichen schlossen sie Wetten ab auf fallende und steigende Preise von Finanztiteln, Währungen und Derivaten, und man sollte nach den Gesetzen der Wahrscheinlichkeitsrechnung annehmen, dass die Chance, eine Wette mit zwei Optionen zu gewinnen, bei 50 % liegt. Die Untersuchung ergab jedoch, dass am Ende der Spekulationsfrist 80 % dieser Privatspekulanten weniger Kapital hatten als am Anfang. Wie ist das zu erklären? Ein Hauptgrund liegt darin, dass Spekulationen mit Kosten verbunden sind: Kursspannen, Transaktionsgebühren, Spesen. Unter Miteinrechnung dieser Kosten ergab sich nach einer Reihe von Spekulationen für 80 % der beobachteten Personen ein Verlust.

2. Kapitel

Das Ziel der Ethik: Gutes Leben für alle

2.1 Moral und Ethik – Kleiner fundamentalethischer Crashkurs

Die im alltäglichen Sprachgebrauch mitunter synonym verwendeten Begriffe „Moral" und „Ethik" stehen zwar in einem engen Verhältnis zueinander und bedingen einander sogar. Beide haben mit der Grundfrage nach „gutem" Leben zu tun. Dennoch sind sie voneinander zu unterscheiden, will man ihre Wechselwirkung und Beziehung verstehen.

2.1.1 Moral

Warum tun wir, was wir tun?
Worauf gründen individuelle und gemeinsame Vorstellungen von „gutem Leben für alle"?

„Moral" stammt vom lateinischen Wort mores, welches wiederum eine Übersetzung des griechischen Begriffs ethos ist und den Brauch, die Sitte oder die Gewohnheit bezeichnet. „Moral", „Ethos" oder „Sitte" beschreiben somit die Regeln und Gewohnheiten des Handelns von Menschen sowie des Zusammenlebens in Familien, Sippen, Gemeinden, Völkern oder Staaten. Die Art und Weise, wie Menschen miteinander umgehen, wie sie einander behandeln und das Handeln anderer beurteilen, basiert also auf Moral. Diese setzt sich in der Regel zusammen aus moralischen Urteilen („Diebstahl ist böse"), moralischen Haltungen (Ehrlichkeit), moralischen Regeln („Versprechen sind zu halten") und moralischen Institutionen (Vertrag, Versprechen). Moral bringt also zum Ausdruck, was nötig bzw. hilfreich ist, damit das Leben einzelner Menschen, aber auch gesellschaftliches Zusammenleben gut funktionieren und gelingen kann. Sie ist somit grundlegende Orientierung für individuelles und sozial relevantes Handeln und gründet sich letztlich auf Erfahrungswissen.[1]

Erfahrungsschätze sind allerdings keine objektive, allgemein gültige Größe. Vielmehr ist die Bestimmung dessen, was nun allgemein oder in speziellen Situationen gut und gerecht ist und von da her als moralische Regel gelten soll, einerseits von persönlichen und gemeinschaftlichen Wertungen bestimmt, andererseits zeit- und kontextabhängig. Genau genommen wird jeder Mensch aufgrund biografischer Prägungen und Erfahrungen bei der Festlegung seiner individuellen moralischen Grundsätze zumindest in bestimmten Detailfragen zu einem je eigenen Ensemble von moralischen Urteilen, Haltungen und Regeln gelangen. Diese individuellen Werte-Sets können sich mit den Werte-Sets anderer Menschen mehr oder weniger überschneiden – je nach kultureller, gesellschaftlicher oder weltanschaulicher Zugehörigkeit bzw. Nähe. Einige (wenige) Grundelemente solcher Werte-Sets können sogar als über kulturelle, gesellschaftliche und weltanschauliche Grenzen hinweg gültig erachtet werden (so findet sich etwa das Prinzip „Was Du nicht willst, dass man Dir tut, das tu auch keinem anderen!" als „goldene Regel" in fast allen großen Kulturen), andere gelten oft nur innerhalb solcher Grenzen (zum Beispiel Regeln über das Verhältnis der Geschlechter), wieder andere möglicherweise nur für einen Menschen persönlich – und auch das vielleicht nur in einem bestimmten situativen oder temporären Kontext (etwa in Hinblick auf den Verzehr von Tierfleisch).

Wo das Zusammenleben von Menschen gelingen soll, müssen diese sich aber auf gemeinsame sittliche Grundlagen ihres Handelns einigen. Das meint noch keine allumfassende „Einheitsmoral"; es braucht aber einen Konsens über zentrale moralische Normen und Regeln, damit eine Gesellschaft funktionieren kann. Tatsächlich entspricht es auch unserer Alltagserfahrung, dass eine friedliche Koexistenz unterschiedlicher „Moralen" durchaus gelingt, sofern grundlegende moralische Vorstellungen allgemein akzeptiert werden. Es gilt also zu unterscheiden zwischen moralischen Normen, die für das Zusammenleben essenziell sind und daher für alle zu gelten haben, und solchen, die nicht von allen anerkannt werden müssen und individueller Ausformulierung bedürfen.

Das Akzeptieren unterschiedlicher moralischer Standpunkte und generell der Existenz von verschiedenen „Moralkulturen" erfordert neben Respekt und Toleranz gegenüber der moralischen Überzeugung anderer auch die Bereitschaft zu Kompromissen, also dazu, den je eigenen moralischen Standpunkt nicht bis in kleinste Details absolut zu setzen. Moralische Kompromisse haben zwar zur Folge, dass persönliche moralische Werte zumindest teilweise hintangestellt werden müssen. In Hinblick auf die Schaffung gemeinsamer und allgemein akzeptierter moralischer Regeln und Normen ist dies aber gerechtfertigt, weil nur so ein friedliches Zusammenleben (als höheres sittliches Gut!) möglich ist. Unterschiedliche moralische Standpunkte und in der Folge diskursive Konflikte bei der Aushandlung einer gemeinsamen Moral sind unvermeidlich und legitim, solange dabei der Boden des gewaltfrei argumentierenden und konstruktiven Dialogs nicht verlassen wird. Manche dieser diskursiv ausgehandelten moralischen Überzeugungen werden schließlich als so grundlegend und unverzichtbar für ein funktionierendes gesellschaftliches Zusammenleben erachtet, dass sie in den Rang von Gesetzen erhoben werden, um sie einerseits zu präzisieren und fixieren und andererseits Menschen zur Rechenschaft ziehen zu können, sobald sie dagegen verstoßen.

Die moralischen Grundlagen des Zusammenlebens und auch die in einer Gesellschaft gültigen Gesetze zielen darauf ab, Menschen im Alltag handlungsfähig zu machen. Denn wenn wir bei jeder Entscheidung oder Handlung erst unsere persönlichen und gemeinschaftlichen Werthaltungen bestimmen bzw. aushandeln müssten, wären wir letztlich nicht mehr in der Lage, den Alltag sinnvoll zu bewältigen. Aufgrund unseres allgemeinen moralischen Bewusstseins darüber, dass wir zum Beispiel hilfsbereit, ehrlich und verlässlich sein sollen und dass Betrug, Diebstahl und Mord „böse" sind, können wir moralisch urteilen und handeln, ohne uns darüber jedes Mal eigens verständigen zu müssen. Moral wird also faktisch gelebt, und es gibt immer ein moralisches Umfeld, das die Entwicklung und Praxis menschlichen Urteilens und Handelns prägt und stützt.

Daraus folgt aber, dass moralische Urteile und Regeln immer auch zeit- und kontextabhängig sind. Der Ausstoß von CO_2 in die Atmosphäre war zum Beispiel vor wenigen Jahrzehnten kein sittlich relevantes Thema. Erst als klarer wurde, dass darin eine wesentliche Ursache für den Klimawandel liegt, welcher vor allem die Lebensmöglichkeiten künftiger Generationen beeinträchtigt bzw. gefährdet, entwickelte sich aus dem zunächst bloß naturwissenschaftlich interessanten Phänomen Klimaerwärmung ein sittlich relevantes Gerechtigkeitsproblem. Mittlerweile ist das moralische Problembewusstsein bereits so weit vorangeschritten, dass auf politischer Ebene an einer Reihe von internationalen rechtlichen Regelwerken zur Eindämmung des Klimawandels gearbeitet wird. An diesem Beispiel wird deutlich, dass Sittlichkeitsprobleme neu entstehen können, weil sie entweder früher noch nicht zur Diskussion gestanden oder zum Beispiel aufgrund wissenschaftlichen Fortschritts moralisch neu zu bewerten sind.

2.1.2 Ethik

> Ist das, was wir tun, gut und richtig?
> Sind unsere individuellen und gemeinsamen Vorstellungen von „gutem Leben für alle" tatsächlich zielführend?

Hier setzt das spezifische Aufgabengebiet der Ethik ein. Ethik kann als wissenschaftliche Disziplin verstanden werden, welche faktisch gelebte bzw. etablierte Moralsysteme kritisch reflektiert. Sie befragt moralische Urteile und Normen dahingehend, ob sie überhaupt (noch) sach- und zeitgemäß, also hinsichtlich des Ziels eines „guten Lebens für alle" gerechtfertigt sind. Moral fragt nicht nach ihrer eigenen Gültigkeit – sie wird gelebt. Die Ethik hingegen reflektiert menschliche Handlungen und gesellschaftliche Institutionen in Hinblick darauf, ob sie richtig oder falsch, gerecht oder ungerecht sind. Gegenstand ethischer Reflexion sind somit sowohl individuelle Handlungen als auch gesellschaftliche Institutionen wie Gesundheits-, Sozial-, Steuer-, Rechts- oder Wirtschaftssystem. Die Grundfrage der Ethik lautet, ob unsere individuellen Handlungen bzw. unsere gesellschaftlichen Arrangements tatsächlich dazu beitragen, Gerechtigkeit, Frieden und ein „gutes Leben für alle" zu realisieren. Diese ethische Reflexion passiert permanent und trägt dazu bei, dass sich moralische Normen ändern bzw. weiterentwickeln. Entsprechend ihrem Reflexionsgegenstand wird innerhalb der Ethik zwischen Individual- und Sozialethik unterschieden.

a) Bei der **Individualethik** sind persönliche und individuelle Handlungsmotive und -ziele Gegenstand der ethischen Reflexion. Nicht alle menschlichen Handlungen sind jedoch von ethischer Relevanz, sondern folgen zum Beispiel Fragen des persönlichen Geschmacks. So stellt etwa die Farbwahl beim Kauf von Kleidungsstücken solange keinen Gegenstand ethischer Reflexion dar, als es dabei bloß um individuelle Vorlieben geht. Ethisch relevant kann diese Frage erst werden, wenn andere Faktoren ins Spiel kommen, etwa die gesundheitlichen oder ökologischen Implikationen beim Umgang mit den für unterschiedliche Färbungen eingesetzten chemischen Substanzen oder der Respekt vor kulturellen Gepflogenheiten im Tragen bestimmter Farben zu besonderen Anlässen.

Wichtig ist auch, dass individuelle Handlungen nur dann moralisch zu bewerten sind, wenn sie vor dem Hintergrund verschiedener Handlungsalternativen erfolgen: Moralische Verantwortung setzt Freiheit des Handelns voraus. Erzwungene Handlungen bzw. Handlungen ohne sinnvolle oder zumutbare Alternativen entziehen sich ethischer Bewertung.

Eine weitere Voraussetzung für die sittliche Beurteilung individueller Handlungen ist, dass sie bewusst bzw. beabsichtigt erfolgen. Sind die Folgen einer Handlung entweder gar nicht bewusst bzw. allfällige negative Folgen nicht direkt beabsichtigt, muss ihre sittliche Bewertung zumindest differenzierter erfolgen. Das bedeutet zwar keine Generalentschuldigung für den Fall, sich der Konsequenzen einer Handlung nicht bewusst gewesen zu sein; immerhin gilt auch im Rechtssystem der Grundsatz „Unwissenheit schützt vor Strafe nicht". Wesentlich ist dabei vielmehr die (individuelle) Zumutbarkeit der Folgenabschätzung einer Handlung, die wiederum abhängig ist von Faktoren wie geistige Reife bzw. Zurechnungsfähigkeit, Bildungsgrad, Informationsmöglichkeiten etc. Letztlich geht es darum, die Folgen einer Handlung in verantwortlicher, d. h. gewissenhafter und bestmöglicher Weise zu kalkulieren, unbeschadet der Tatsache, dass es mitunter unmöglich ist, alle Konsequenzen einer Handlung im Blick zu haben bzw. zu berücksichtigen.

b) Die **Sozialethik** (auch „Strukturenethik") konzentriert sich im Unterschied zur Individualethik auf die sittliche Reflexion darüber, wie menschliches Zusammenleben organisiert ist bzw. ob gesellschaftliche Institutionen (wie Politik-, Bildungs- oder Wirtschaftssystem) gerecht oder ungerecht ausgestaltet sind. Dazu gehören Fragen wie: Fördert oder verhindert das jeweilige Steuersystem eine gerechte Verteilung der Lasten zur Finanzierung öffentlicher Aufgaben? Bietet die Organisation des Gesundheitswesens für jeden Menschen – ungeachtet seiner finanziellen Ausstattung oder sonstiger Unterscheidungsmerkmale (Hautfarbe, Geschlecht, Volkszugehörigkeit etc.) – Zugang zu adäquater medizinischer Versorgung? Können alle Menschen einer Gesellschaft an kulturellen, sozialen, wirtschaftlichen und politischen Prozessen partizipieren?

Diese ethische Reflexionsebene erfordert nicht zuletzt, mit der jeweiligen Theorie und Praxis gesellschaftlicher Institutionen gut vertraut zu sein. In der ethischen Praxis haben sich deshalb spezialisierte „Bereichsethiken" herausgebildet wie zum Beispiel politische Ethik, Medizinethik, Medienethik oder Wirtschaftsethik. Für nahezu jeden gesellschaftlichen Bereich gibt es eigene ethische Reflexionsräume.

Die Sozialethik ist bedeutsam für das soziale und politische Klima einer Gesellschaft. Indem sie institutionelle Verfahren, soziale Strukturen und gesellschaftliche Systeme kritisch analysiert und auf Gerechtigkeitsansprüche hin befragt, ist sie ein Motor gesellschaftlicher Veränderung und allgemeiner Wohlfahrt.

2.1.3 Der Einzelne und das Ganze

Wie weit reicht die sittliche Verantwortung des Einzelnen?

Individual- und Sozialethik sind zwar thematisch zu unterscheiden, gleichzeitig aber untrennbar miteinander verbunden. Mitunter wird versucht, entweder das eine oder das andere in den Vordergrund zu rücken. So wird einerseits argumentiert, dass der einzelne Mensch gegen gesellschaftliche Systeme und Strukturen genauso machtlos ist wie Don Quijote gegen die Windmühlen; andererseits gibt es Stimmen, die in individuellen Haltungen bzw. Verhaltensmustern wie Egoismus oder Gier die alleinige Ursache für gesellschaftliche Übel sehen. Wenngleich beide Positionen per se auf grundsätzliche sittliche Probleme aufmerksam machen, so übersehen sie doch die starke Verwobenheit der individual- und sozialethischen Ebene. Natürlich stellt sich angesichts des Ausmaßes aktueller humanitärer und ökologischer Katastrophen die Frage, was ein einzelner Mensch dagegen ausrichten kann. Und natürlich gibt es etwa vor dem Hintergrund der aktuellen Finanzkrise massive Hinweise darauf, dass Menschen aufgrund maßloser Gier und Erfolgsversessenheit allen Warnungen zum Trotz und wider besseres Wissen großen Schaden angerichtet haben. Man darf aber nicht vergessen, dass Einzelpersonen zwar einerseits von gesellschaftlichen Prozessen und Strukturen beeinflusst und geprägt werden, dass aber andererseits ebendiese gesellschaftlichen Prozesse und Strukturen letztlich immer von Menschen gemacht und zu verantworten sind bzw. individuelles sittliches Fehlverhalten vieler sich in sozialethisch problematischen Strukturen verfestigen kann und so erst zum sozialethischen Problem wird.[2] Politiker, Manager, Konsumenten und Investoren verfügen also innerhalb bestimmter struktureller Gegebenheiten immer über individuelle Spielräume, die besser oder schlechter (im doppelten Wortsinn) genützt werden können. Und bestehende gesellschaftliche Strukturen sind nie einfach vom Himmel gefallen bzw. das Ergebnis quasi naturgesetzlich ablaufender Prozesse, sondern resultieren immer aus gesellschaftlichen und historischen Prozessen und sind deshalb prinzipiell veränderbar. Der Mensch ist immer gleichermaßen Betroffener und Gestalter gesellschaftlicher Strukturen: Er ist als Teil des Ganzen und als soziales Wesen stets sozialen

Beeinflussungen bzw. strukturellen Einschränkungen unterworfen, aber ebenso Subjekt der Gestaltung und permanenten Weiterentwicklung gesellschaftlicher Prozesse und Zustände.

2.1.4 Moral und Ethik in Anwendung: Beispiel Geldanlage

Welche Rolle spielen Moral und Ethik in Bezug auf die Geldanlage?

So wie es moralische Regeln und Normen für das gesellschaftliche Miteinander gibt, so gibt es auch konkrete Wertvorstellungen bezüglich wirtschaftlicher Abläufe. Die christliche und die humanistische Ethik etwa stellen an wirtschaftliche Aktivitäten den Anspruch, dass sie keinen Selbstzweck darstellen, sondern auf „gutes Leben" und auf das Gemeinwohl[3] ausgerichtet sein müssen. Wirtschaft ist demnach eingebettet in ein gesellschaftliches Ganzes und muss neben anderen Teilbereichen wie Bildung, Kunst oder Politik dazu beitragen, dass Menschen ohne existenzielle Not und in Würde leben können.

Die Wirklichkeit sieht allerdings anders aus: Hunger, Armut, Krankheiten, Gewalt, Naturkatastrophen und eine unsichere Zukunft bestimmen den Alltag von immer mehr Menschen weltweit – und zwar wesentlich auch aufgrund unseres globalen Wirtschaftssystems! Unsere Wirtschaftsweise ist nicht nachhaltig: Wir verbrauchen zu viele Ressourcen, die Kluft zwischen Arm und Reich wächst stetig, und wir belasten künftige Generationen mit den Kosten unseres gegenwärtigen Lebensstils. Deshalb ist es Aufgabe der (Wirtschafts-)Ethik, sowohl individuelles wirtschaftliches Handeln als auch wirtschaftliche Abläufe und Strukturen kritisch zu reflektieren. Es gilt also die Frage zu stellen, ob unsere persönlichen Handlungen und die Wirtschaft als solche in Hinblick auf uns wichtige Werte, Standards und Vorstellungen von „gutem Leben" richtig oder falsch, gerecht oder ungerecht sind. Dieser Reflexionsprozess führt uns Missstände und Ungerechtigkeiten vor Augen, auf die man in vielfältiger Weise reagieren kann – und muss, wenn man Ethik und ihre Erkenntnisse ernst nimmt. Dazu zählen politisches und zivilgesellschaftliches Engagement ebenso wie ein verändertes Konsumverhalten und – zumal aufgrund der dominierenden Rolle von Geldkapital im gegenwärtigen globalen Wirtschaftssystem – die Einflussnahme auf die Gestaltung wirtschaftlicher Prozesse im Rahmen der Veranlagung von Geld. Die ethische Reflexion leitet demnach in konkrete Handlungsoptionen über, die dazu beitragen können, das als ungerecht Erkannte gerechter zu machen.

In Bezug auf die Geldanlage bedeutet das zunächst einmal die kritische Analyse dessen, was mit veranlagtem Geld eigentlich passiert. Denn das etwa am Bankschalter eingezahlte Geld wird ja nicht in einem großen Tresor deponiert und – mit Zinsen – wieder hervorgeholt, sobald man es wieder braucht. Nein, es wird in der Zwischenzeit an Menschen und Institutionen weitergeleitet, die es brauchen oder wollen. Das können Menschen sein, die sich ein Haus bauen oder eine Wohnung kaufen oder ein Unternehmen gründen oder dieses vergrößern wollen – sei es nun für die Produktion erneuerbarer Energien oder auch von Streubomben. Das kann auch die öffentliche Hand sein, die bei den Bürgern Geld ausleiht, um Staatsaufgaben zu finanzieren.

Schließlich können das aber auch Investoren sein, die sich Geld ausleihen, um damit an den Finanzmärkten zu spekulieren.

Das bedeutet, dass das angelegte Geld in Projekte und Aktivitäten fließen kann, die mit den je persönlichen oder auch gesellschaftlichen Werthaltungen übereinstimmen oder aber diesen zuwiderlaufen. Das Geld kann für sozial verantwortliche und ökologisch zukunftsfähige Projekte verwendet werden – wie Bildung, Gesundheit, nachhaltige Wirtschaftsweisen oder erneuerbare Energien – oder für Projekte und Tätigkeiten, die Mensch und Umwelt schaden. Genau hier setzt die Idee ethisch orientierter Geldanlage ein, indem sie zu veranlagendes Geld in eine Richtung lenkt, die den moralischen Grundwerten seiner Investoren entspricht. Geldanlage kann also Gutes und Schlechtes bewirken, und es ist letztlich eine Frage der persönlichen Bewusstseinsbildung, dass auch Geldanlage die Möglichkeit bietet, die Welt, in der wir leben wollen, aktiv mitzugestalten.

WARNHINWEIS!
Weiterlesen erweitert Ihren Informations- und Bildungsstand, damit aber auch die Reichweite Ihrer sittlichen Verantwortung!

2.2 Pecunia olet! – oder: Welche Gerechtigkeitsfragen stellen sich aus Besitz bzw. Einsatz von Geld?

Um die leeren Staatskassen zu füllen, verfiel der römische Kaiser Vespasian (69–79 n. Chr.) auf die Idee, für die Benutzung öffentlicher Toiletten eine Latrinensteuer einzuheben. (Urin war ein wichtiger Rohstoff, der über Jahrtausende hinweg als Mittel für die Ledergerbung und als Wäschereinigungsmittel eingesetzt wurde.) Der durch seine Kaiserbiografien berühmt gewordene römische Schriftsteller und Verwaltungsbeamte Sueton überliefert, dass Vespasian die von seinem Sohn Titus kritisierte Steuer rechtfertigte, indem er diesem Geld aus den ersten Latrinensteuer-Einnahmen unter die Nase gehalten und gefragt habe, ob der Geruch ihn störe, was dieser naturgemäß verneinte, da das Geld selbst ja nicht stank.

Von dieser Episode leitet sich die bis heute erhaltene Redewendung „pecunia non olet – Geld stinkt nicht" ab, die in der Regel dazu dient, den Besitz oder Erwerb von Geld zu rechtfertigen, ohne die „Sauberkeit" von dessen Quelle bzw. Methode zu berücksichtigen. Bedenkt man jedoch die in Kapitel 1 dargestellte dominante Rolle der Finanzmärkte innerhalb des Weltwirtschaftssystems und darüber hinaus ihre globale Dimension aufgrund der schier unbegrenzten Mobilität von Finanzkapital, wird deutlich, dass Geld keineswegs eine ethisch „geruchsfreie", neutrale Größe darstellt.

2.2.1 Der Besitz von Geld als ethisches Problem

Darf man etwas vorenthalten, was ein anderer benötigt?

Darf man aus der Bedürftigkeit eines anderen einen Vorteil ziehen?

Frühe philosophische und theologische Positionen zum Zinsnehmen beweisen, dass die ethische Sensibilität gegenüber dem Besitz von Geld bis weit in die Antike zurückreicht: Dass man Zins als Entgelt für die Überlassung von Vermögen verlangen darf, steht heute zwar kaum mehr in Frage und trägt gewissermaßen den Charakter einer gewohnheitsrechtlichen Selbstverständlichkeit. Tatsächlich war das längst nicht immer so, und es entspricht auch nicht so ohne Weiteres der Logik des „gesunden Menschenverstandes". Warum denn sollte einem Reichen der bloße Besitz wirtschaftlicher Güter ein Einkommen ermöglichen, ohne dass er über das Verleihen hinaus eine eigene Leistung erbringen muss? Vor dem Hintergrund dieser Frage wurde denn auch über Jahrhunderte hinweg in der westlichen Welt das Zinsnehmen als ungerecht abgelehnt und zeitweise sogar mit schweren Zivil- und Kirchenstrafen belegt – zumindest für Gelddarlehen:

Geld – so argumentierte etwa Aristoteles – sei (im Unterschied zu ertragbringenden Gütern wie Äckern, Bäumen oder Werkzeugen) unfruchtbar und werde bei seinem Gebrauch verbraucht. Deshalb verstoße es gegen die Gerechtigkeit, mehr Geld von einem Darlehensnehmer zurückzufordern, als man ihm geliehen hat. Höchstens für entstandene Kosten bei der Beschaffung oder Übermittlung des Darlehens dürfe eine Entschädigung verlangt werden.[4]

Neben solch philosophischen Überlegungen wurden ab der späten römischen Kaiserzeit auch theologische Autoritätsargumente aus der jüdischen und christlichen Offenbarung gegen den Darlehenszins geltend gemacht. Bereits seit Klemens v. Alexandrien und Tertullian (3. Jh.) bekämpften christliche Schriftsteller unter Berufung auf die Hl. Schrift das Zinsnehmen – und zwar als Sünde gegen die Nächstenliebe *und* gegen die Gerechtigkeit.[5] Vor diesem Hintergrund untersagte auch die kirchliche Gesetzgebung (Synode v. Arles 314; Konzil v. Nicäa 325) zunächst den Klerikern das Zinsgeschäft unter Strafe der Degradation und sogar der Exkommunikation. In der Karolingerzeit wurde das Zinsgeschäft dann auch für Laien unter die schwere Strafe der Exkommunikation gestellt. Das 2. und 3. Laterankonzil (1139 bzw. 1179) und das 2. Konzil v. Lyon (1274) verurteilten ganz allgemein die Raubsucht der Wucherer, wie Zinsnehmer generell bezeichnet wurden, und bedrohten sie mit Entzug aller kirchlichen Rechte und mit der Strafe der Infamie. Das Konzil v. Vienne (1311–1312) strafte all jene, die behaupteten, Zinsnehmen sei keine Sünde, gleich Häretikern; und das 5. Laterankonzil (1512–1517) erneuerte alle früheren kirchlichen Zinsverbote.

All diese Zeugnisse aus der Zeit der christlichen Antike bzw. des Mittelalters reflektieren freilich eine Realität, in der trotz philosophischer und theologischer Gegenargumente und auch trotz staatlicher und kirchlicher Verbote das Zinsnehmen in der wirtschaftlichen Praxis ganz offensichtlich vorkam und ein Problem darstellte. Auch zahlreiche Gesetze später römischer Kaiser, die sich bereits nur noch auf die Festsetzung von Zinsobergrenzen (zwischen 6 und 12 %) beschränkten, belegen das. Aber so prinzipiell und radikal die staatlichen Gesetzgebungen der klassischen Antike und das kirchliche Lehramt sogar bis tief hinein in die beginnende Neuzeit den Darlehenszins als sittenwidrig, ungerecht und also strafbar brandmarkten – sie waren letztlich nicht imstande, die stetige Fortentwicklung des Zinswesens in der wirtschaftlichen Praxis des Abendlandes aufzuhalten, und zwar nicht zuletzt deshalb, weil die genannten philosophischen und theologischen Begründungen des Zinsverbotes selbst auf fragwürdigen Beinen stehen:

Das philosophische Argument beruht schlichtweg auf dem Fehlen einer Kapitaltheorie. Geld wurde ausschließlich als Tauschmittel verstanden und – im Gegensatz etwa zu Grund und Boden – als „unfruchtbar" betrachtet. Dass es aber – als Kapital investiert – durchaus auch ökonomischen Mehrwert hervorbringen kann, blieb völlig außer Betracht. Diese Möglichkeit ist in breiterem Umfang zwar erst in der modernen Wirtschaft gegeben, sie wurde in Altertum und Mittelalter durch das Zinsverbot aber gerade auch verhindert.

Die theologische Begründung des Zinsverbotes aus den Hl. Schriften fußt ebenfalls auf interpretatorischen Mängeln. Die Bibel spricht zwar an vielen Stellen klipp und klar ein strenges Verbot von Zins und Wucher aus. Das Problem besteht nun allerdings schon darin, dass die hebräische Sprache nur ein Wort für Zins und Wucher kennt, die heute aber als verschiedene Sachverhalte angesehen werden: Unter „Wucher" versteht man ein Rechtsgeschäft, das durch Ausnutzung einer Zwangslage oder der Unerfahrenheit, des Mangels an Urteilsvermögen oder der erheblichen Willensschwäche eines anderen zu Vermögensvorteilen führt, die in auffälligem Missverhältnis zur erbrachten Leistung stehen. Mit dem biblischen „Zins/Wucher" ist demgegenüber nicht nur eine überhöhte, sondern jede unberechtigte Forderung gemeint. Da man im Altertum aber – wie schon erwähnt – noch nicht über eine eigentliche Kapitaltheorie verfügte und folglich den Zins normalerweise nur in Form von erzwungenen Konsumkrediten an Notleidende kannte, hielt man generell jeden Darlehenszins für unberechtigt (zumindest, wenn er von einem Stammesgenossen erhoben wurde). Wie aus dem weiteren Kontext der einschlägigen Bibelstellen außerdem hervorgeht, geht es darin eigentlich gar nicht um das wirtschaftsethische Problem des Zinses an sich, sondern sie verurteilen vielmehr generell das Ausnützen von Notsituationen;[6] und in diesem Zusammenhang stellt natürlich auch die Praxis wucherischen Zinsnehmens ein sittliches Problem dar. Verurteilt wird also, wer einem Notleidenden unter Ausnutzung seiner Zwangslage einen Zins für geleistete Hilfe abpresst. Der Darlehenszins als solcher dagegen kann gar nicht als eigentlicher Gegenstand biblischer Verurteilung betrachtet werden, weil er – mangels einer entwickelten Kapitaltheorie – nicht wirklich bekannt bzw. in Gebrauch war.

Mit dem Anbruch der Neuzeit (in der Wirtschaftsgeschichte charakterisiert durch wachsende Ausdifferenzierung des Wirtschaftslebens, Ausweitung des Handels, zunehmenden Einsatz von komplexeren Werkzeugen und Produktionsmethoden) kommt es allerdings zu einer Bedeutungsverschiebung des Geldes vom bloßen Tauschmittel hin zum Investitionskapital, mit dessen Hilfe neue Produktionsmittel gekauft und eingesetzt oder umfangreiche Handelsunternehmungen vorfinanziert werden konnten. Die Folge war die Herausbildung neuer Geldtheorien auf wirtschaftsphilosophischer Ebene:

So verteidigte etwa, nachdem das Zinsnehmen von den Reformatoren anfangs noch allgemein verworfen worden war, Johannes Eck (1486–1543) den Zins für ein „fruchtbringendes Darlehen" [!] bis zu einer Höhe von 5 % und fand Beifall an der Universität von Bologna. Später verwarf u. a. Papst Benedikt XIV. (1740–1758) das Zinsnehmen aus Darlehen, jedoch unter ausdrücklicher Anerkennung gewisser äußerer Titel, die einen Gewinn aus dem Darlehen berechtigt machen können.[7] Als etwa ab Mitte des 16. Jahrhunderts mit der wachsenden Bedeutung des Leihgeldes im Wirtschaftsleben die staatlichen Gesetze begannen, bestimmte Zinstaxen für Gelddarlehen festzusetzen (5 % für den Fall, dass nichts anderes vereinbart wurde), drehte sich der moraltheologische Streit hauptsächlich nur noch darum, ob es erlaubt sei, den der staatlichen Zinstaxe entsprechenden Zins bei Gelddarlehen allgemein zu fordern – also auch für den Fall, dass keiner der genannten äußeren Berechtigungsgründe ausdrücklich nachgewiesen werden kann. Lehramtliche Entscheidungen verfügten im 19. Jahrhundert zunächst, dass jene zumindest nicht im Gewissen zu beunruhigen seien, die Darlehenszins auch ohne Nachweis äußerer Zinstitel einforderten, sofern sie sich an den Rahmen der staatlichen Zinsgestattung hielten.[8]

Das dzt. gültige kirchliche Gesetzbuch von 1983 enthält überhaupt keine Bestimmungen zur Zinsfrage mehr. Wir haben darin allerdings keine Preisgabe ursprünglicher Prinzipien in der Zinsfrage zu erblicken; denn das sogenannte kanonische Zinsverbot war tatsächlich – so wie das alte biblische – ein Wucherverbot, also ein Verbot unberechtigten Gewinns.

Als ethischen Kerngedanken des alten Wucherverbotes kann man mithin festhalten: Die wirtschaftliche Erpressung eines

Schwachen durch die Macht des Besitzenden ist auch aus heutiger Sicht moralisch nicht zu rechtfertigen. Es muss ausgeschlossen werden, dass jemand durch Gewalt bzw. aus einer Notlage heraus zu wirtschaftlichen Zugeständnissen gezwungen wird, die er freiwillig nicht gemacht hätte. „Wucher" ließe sich ökonomisch also auch interpretieren als die Verfälschung von Wettbewerbspreisen durch den Druck politischer oder wirtschaftlicher Macht. Umgekehrt ist ein unter fairen Marktbedingungen zustande kommender Zins als Preis für die produktive Bereitstellung des knappen Gutes Geld als Kapital ein positiver Anreiz, das Kapital auch wirklich in die nachhaltig fruchtbarsten Investitionen zu lenken und so den gesamtwirtschaftlichen Prozess nach den Knappheiten und Verbraucherwünschen zu steuern. Das Fordern und Zahlen eines unter solcherart fairen Marktbedingungen zustande gekommenen Zinssatzes ist also durchaus als sittlich vertretbar anzusehen.[9]

Dabei bleibt allerdings eine Reihe von Fragen noch offen: Wo etwa gibt es überhaupt jene idealen, fairen Marktbedingungen (also die volle Transparenz des Marktes, die wirtschaftliche bzw. politische Unabhängigkeit seiner Akteure etc.), die zu objektiv „reinen", unverzerrten Wettbewerbspreisen führen? Und umgekehrt: Welche Arten von Macht sind bereits als wettbewerbsverzerrend anzusprechen, da doch schon jeder Unterschied in den relativen Positionen ein Machtgefälle mit sich bringen kann? Diese Fragen stellen sich in besonderer Schärfe in den internationalen Wirtschaftsbeziehungen zwischen Staaten unterschiedlicher politischer bzw. wirtschaftlicher Stärke. Nicht jeder Zins, den zu zahlen sich etwa Entwicklungsländer bereit erklären, ist wirklich marktgerecht bzw. ethisch gerechtfertigt.

Vielfach sind diese Länder infolge extremer Armut oder politischer Abhängigkeiten gezwungen, zum bloßen Überleben Kredite unter fast jeder Bedingung anzunehmen. Das Argument, sie hätten sich freiwillig verschuldet, überzeugt keineswegs: Wer Not leidet und keine andere Wahl hat, zahlt jedenfalls nicht „freiwillig".

Eine weitere Frage stellt sich insbesondere vor dem Hintergrund der jüngsten internationalen Finanzmarktkrise und des bereits zum wiederholten Male erfolgten Platzens von Spekulationsblasen: Wenn der Zins seine sittliche Rechtfertigung letztlich daraus bezieht, dass die Bereitstellung von Geldmitteln als Kapital eine wirtschaftliche Entwicklung und Schaffung von Mehrwert in vielen Fällen überhaupt erst ermöglicht, und wenn der Zins aus wirtschaftsethischer Sicht also letztlich nichts ist als die (berechtigte) Teilhabe des Darlehensgebers am erzielten Nutzen des Darlehensnehmers – müsste ein sittlich vertretbarer Zinssatz dann nicht zumindest dort seine Obergrenze finden, was als durch den Kapitaleinsatz voraussichtlich zu erzielende realwirtschaftliche Wachstumsrate anzusetzen ist? Führt nicht jeder über dem real erwirtschafteten Mehrwert liegende Zinssatz notwendigerweise zur wachsenden Verschuldung des Darlehensnehmers – und somit genau hinein in die Abhängigkeitsverhältnisse, die jenen Markt verzerren, der doch gerade garantieren soll, dass das Wirtschaftsleben in vernünftigen, also eine nachhaltige Entwicklung für alle sicherstellenden Bahnen verläuft?

2.2.2 Der Einsatz von Geld als ethisches Problem

Was bewirkt die Bereitstellung von Geld?
Darf man Geld für jeden Zweck bereitstellen?

Wenn jemand über Geldmittel verfügt, die nicht ausgegeben, sondern für zukünftige Vorhaben zurückgelegt werden sollen, stellen sich eine Reihe von ökonomischen Fragen, die übrigens auch Inhalt jedes seriösen Anlageberatungsgesprächs sein müssen:

- Wie geht das Geld nicht verloren? (Sicherheit/Risiko)
- Wie ist es dann verfügbar, wenn es gebraucht wird? (Verfügbarkeit/Liquidität)
- Wie kann es bis dahin Ertrag abwerfen? (Rendite)

Da solches Spargeld in der Regel bis zu seiner Verwendung am Kapitalmarkt veranlagt, also anderen wirtschaftlichen Akteuren bzw. Projekten zur Verfügung gestellt wird, stellen sich darüber hinaus aber auch noch ähnliche ethische Fragen wie beim direkten Konsum bzw. Kauf von Gütern und Dienstleistungen. Den Fragen „Darf Geld ohne Einschränkung für alles ausgegeben werden?" (Stichworte: Drogen, Menschenhandel, Bestechung etc.) bzw. „Gibt es ethische Grenzen des Konsums?" (Stichworte: Ressourcenverbrauch, nachhaltige Umweltschäden etc.) entsprechen die Fragen „Darf Geld überall veranlagt werden?" bzw. „Gibt es ethische Grenzen der Bereitstellung von Kapital?" Die auf den Kapitalmärkten konkret werdende Beantwortung der Frage, wer wem wofür und zu welchen Konditionen Finanzkapital zur Verfügung stellt (bzw. eben vorenthält), hat ja – zumal in einem so kapitalorientierten Wirtschaftssystem wie dem der Neuzeit – eminente Auswirkungen auf wirtschaftliche Entwicklungen ebenso wie auf Strukturen des gesellschaftlichen Zusammenlebens, auf internationale Beziehungen ebenso wie auf ökologische Problemstellungen.

In der Regel wird veranlagtes Geld ja Unternehmen, Banken oder Staaten zur Verfügung gestellt. Diese bieten dafür Zinsen oder eine Gewinn- bzw. Vermögenswertbeteiligung. Unternehmen und Banken können Zinsen oder Gewinne aber nur dann auszahlen, wenn sie das überantwortete Geld wirtschaftlich effizient und gewinnbringend verwenden. Gewinne können dabei auf sehr unterschiedliche Weise erwirtschaftet werden – und die Verantwortung dafür liegt nicht nur bei den unmittelbar wirtschaftenden Subjekten, sondern auch bei jenen, die durch die Bereitstellung von Kapital die entsprechenden wirtschaftlichen Prozesse erst ermöglichen.

Für beide Gruppen erhebt sich also die sittliche Forderung, dass Gewinnerwirtschaftung auf eine Art und Weise erfolgt, die sie mit ihren Vorstellungen von (in ethischem Sinn) „gutem Leben" vereinbaren können. Die Frage der Übereinstimmung von wirtschaftlichem Agieren mit persönlichen Werthaltungen muss freilich individuell beantwortet werden. Allenfalls können sich juridische bzw. politische Einheiten (Unternehmen, Staaten, Wirtschaftsregionen) auf bestimmte rechtliche Rahmenordnungen des Wirtschaftens einigen, die auch den sittlichen Grundkonsens einer Gesellschaft widerspiegeln. Der Jesuit Johannes Schasching, ein bedeutender Sozial- und Wirtschaftsethiker und Vertreter der Katholischen Soziallehre hat dafür als wirtschaftsethische „Kurzformel" einen dreifachen Gerechtigkeitsimperativ formuliert: „Wirtschafte stets sach-, menschen- und gesellschaftsgerecht!" In einem Wirtschaftssystem, das so stark wie das gegenwärtige von den Strömen des Finanzkapitals mitbestimmt, wenn nicht gar gesteuert wird, ist es jedenfalls evident, dass diese wirtschaftsethische Herausforderung nicht nur für direkt unternehmerisch agierende Akteure des Wirtschaftslebens Geltung haben muss, sondern nicht weniger für die Kapitalgeber, also für Sparer, Anleger bzw. unmittelbare Investoren.

Die durch das aktuelle Weltwirtschaftssystem (mit-)verursachten enormen und stetig wachsenden ökologischen, sozialen und kulturellen Herausforderungen der Gegenwart wie Klimawandel, Welternährung, Bevölkerungswachstum, internationale Gerechtigkeit etc. machen freilich deutlich, dass sich die weltweiten wirtschaftlichen Rahmenordnungen insgesamt ändern müssen. Von da her erhebt sich noch eine zusätzliche Fragestellung von ethischer Relevanz: Fördert eine vielleicht sogar unter ethischen Gesichtspunkten getätigte Geldanlage bzw. Investition diese notwendige Veränderung, hemmt sie diese, verfestigt sie die Strukturen sogar (z. B. das Prinzip des unaufhörlichen Wachstums oder der Rendite-Maximierung), oder verhält sie sich dazu neutral?

2.3 Absolutes Recht oder soziale Verpflichtung des Shareholders?

Darf man mit seinem privaten Eigentum machen, was man will?

Folgen aus dem Recht auf Privateigentum besondere Rechte für Eigentümerinteressen?

Wir leben in einer Wirtschafts- und Gesellschaftsordnung, die dem Recht auf Privateigentum einen hohen Stellenwert einräumt. Aber selbst dieses heute nahezu wie ein Naturgesetz selbstverständlich akzeptierte Recht bedarf in Wahrheit einer ethischen Begründung und Präzisierung:

Als es im Zuge der industriellen Revolution und der damit einhergehenden sozialen Neustrukturierung der davon betroffenen Gesellschaften im 19. Jahrhundert zu extremen Ungleichverteilungen der Eigentumsverhältnisse kam (auf der einen Seite das besitzlose Proletariat, auf der anderen Seite die „Kapitalisten") und daraufhin marxistisch inspirierte Ideologien die grundsätzliche Abschaffung bzw. Kollektivierung allen Privateigentums forderten, formulierte nicht zuletzt auch die Katholische Soziallehre ein Recht auf Privateigentum. Die Sozialenzyklika Papst Leos XIII. *Rerum novarum* (1891) und in der Folge weitere Dokumente des kirchlichen Lehramts begründeten dies damit, dass Privateigentum allein „den unbedingt nötigen Raum für eigenverantwortliche Gestaltung des persönlichen Lebens … als eine Art Verlängerung der menschlichen Freiheit"[10] vermittle. Ein Recht auf Privateigentum wäre demnach also als notwendige Bedingung der Möglichkeit eigenverantwortlichen – und d. h. sittlichen! – Handelns unbedingt anzuerkennen. Allerdings wurde in der kirchlichen Sozialtradition dieses Recht niemals absolut verstanden: Das Recht auf Privateigentum galt stets nur unter Maßgabe des vorrangigen Grundprinzips der universellen Bestimmung der Güter für alle Menschen. Im Klartext: Wo durch das Privateigentum Einzelner anderen Menschen das zu einem menschenwürdigen Leben Notwendige vorenthalten wird, verliert das Privateigentum seine Unantastbarkeit. Das Recht auf Privateigentum begründet also niemals einen absoluten, unantastbaren Besitzanspruch, sondern gilt immer nur, soweit es eine notwendige Bedingung der Möglichkeit sittlichen Handelns begründet und garantiert.

In der Geschichte sozialethischer Debatten gab es auch einen Streit darüber, ob das Recht auf Privateigentum nicht darüber hinaus noch an weitere sittlich bestimmte Verwendungszwecke zu binden sei. Der zentrale Streitpunkt dabei lautete: Geht durch sittenwidrige Verwendung bzw. Missbrauch des Privateigentums nicht überhaupt das Recht darauf verloren? Die Vertreter dieser rigorosen Position argumentierten u. a. damit, dass es doch kein *„ius abutendi"* – kein Recht auf Missbrauch – geben könne bzw. dürfe. Schließlich gewann jedoch eine differenziertere Sichtweise Oberhand: Es ist zwischen einem juristischen und einem sittlichen Rechtsbegriff zu unterscheiden. Das juridisch verfasste Recht auf Privateigentum schließt in letzter Konsequenz auch ein Recht auf Missbrauch ein, weil das Privateigentumsrecht ansonsten überhaupt in Frage gestellt würde – zumal als Bedingung der Möglichkeit sittlichen Handelns.[11] Im ethischen Sinn hingegen kann es ein solches Recht auf sittenwidrige Verwendung von Eigentum klarerweise nicht geben. Vielmehr unterliegt natürlich auch das Privateigentum sittlichen Verpflichtungen. Diese können auf Basis eines ethischen Grundkonsenses einer Gesellschaft sogar in deren Rechtsordnung Eingang finden. Ein Verstoß dagegen ist dann vom betreffenden Rechtssubjekt natürlich entsprechend zu verantworten, führt aber jedenfalls nicht automatisch zum Verlust des Eigentumsrechts als solchem.

Dennoch ist festzuhalten: Wir sind auf moralischer Ebene uneingeschränkt, auf juridischer Ebene zumindest in allen von der verfassten Rechtsordnung definierten Belangen für alles, was sich in unserem Eigentum befindet, verantwortlich – also auch für unser Geld bzw. für das, was damit geschieht.

Dieser Verpflichtungscharakter von Eigentum hat zumindest in der biblischen Tradition einen hohen Stellenwert. Sowohl im Ersten als auch im Neuen Testament finden sich unter den Verweisen auf Gerechtigkeit und Nächstenliebe zahlreiche Hinweise auf die sittliche Verpflichtung im Umgang mit Eigentum. Besonders im Neuen Testament wird der verantwortliche Umgang mit Eigentum in zweifacher Weise aufgezeigt: Zum einen im Appell an die vorrangige praktische Solidarität mit den Armen, zum anderen – und damit über den Begriff der Solidarität hinausreichend – in der Betonung der Sozialpflichtigkeit von Eigentum. Diese Sozialpflichtigkeit, die der Rolle des Menschen als Sachwalter Gottes und somit Mitschöpfer guten Lebens gerecht werden soll, erschöpft sich außerdem nicht gegenüber der gegenwärtigen Mitwelt, sondern schließt künftige Generationen mit ein. Das damit gemeinte Konzept der Nachhaltigkeit thematisiert die menschliche Verantwortung für die Schöpfung und verbindet den Grundgedanken der Bewahrung der Schöpfung mit dem einer positiven Weltgestaltung.

In der Katholischen Soziallehre finden sich gleich mehrere Hinweise auf die über unmittelbare Solidaritätsakte hinausgehende Sozialpflichtigkeit von Eigentum. Außer in der bereits erwähnten Enzyklika *Rerum novarum* finden sich entsprechende Belege vor allem in den Enzykliken *Quadragesimo anno* (Papst Pius XI., 1931), *Populorum Progressio* (Papst Paul VI., 1967) und *Sollicitudo rei socialis* (Papst Johannes Paul II., 1987).

Deutlich formuliert wird die Verantwortlichkeit von Eigentum auch im gemeinsamen Wort des Rates der Evangelischen Kirchen in Deutschland und der Deutschen Bischofskonferenz zur wirtschaftlichen und sozialen Lage in Deutschland aus dem Jahr 1997, wenn es darin heißt: „Wie sich in jüngster Zeit mehrfach gezeigt hat, können von den internationalen Finanz- und Kapitalmärkten nicht nur stabilisierende, sondern auch destabilisierende Wirkungen auf nationale Volkswirtschaften ausgehen. Die hohen und ständig steigenden Summen, die fortlaufend auf den internationalen Finanzmärkten umgesetzt werden, verweisen auf die Aufgabe, diese Prozesse zu gestalten und der Entwicklung weltweiter Wohlfahrt dienlich zu machen. Eigentum ist stets sozialpflichtig, auch das international mobile Kapital."[12]

Aus dieser klar formulierten Sozialpflichtigkeit des Eigentums ergibt sich – wenigstens auf der Ebene des ethisch-moralischen Diskurses – eine klare Absage an alle Positionen, die auf den Finanzmärkten den Anleger- bzw. *Shareholder*-Interessen ein unumschränktes Recht auf Rendite sowie absoluten Schutz einzuräumen versuchen. Dem Gewinninteresse des Finanzkapitals ist spätestens dort eine Grenze zu setzen, wo es der sittlichen Verpflichtung des Eigentums, also übergeordneten sozialen, ökologischen und kulturellen Interessen entgegensteht. Diese sittliche Beschränkung in der Ausübung des Eigentumsrechts sollte/müsste letztlich auch Eingang finden in die rechtlichen Rahmenordnungen der internationalen Finanzmärkte. Darüber hinaus besagt die Sozialpflichtigkeit des Eigentums aber auch, dass Finanzinvestoren zumindest sittlich dazu verpflichtet sind, in ihren Anlage- bzw. Investitionsentscheidungen selbst nicht nur individuelle ökonomische Renditeinteressen zu verfolgen, sondern stets auch aktiv die soziale, ökologische oder kulturelle „Rendite" ihres Investments im Blick zu behalten. Als ethische Mindestanforderung gilt: Sowohl was die Methode als auch die Auswirkungen des Investments betrifft, ist deren Kompatibilität mit den im persönlichen Gewissen verankerten ethischen Werthaltungen mit allen zu Gebote stehenden Mitteln sicherzustellen und umzusetzen.

2.4 Ethik braucht Realitätsbezug und eine Hierarchie von Werten – oder: Nur wer schläft, kann nicht sündigen

Wie umgehen mit sittlichen Grauzonen bzw. ethischen Interessenskonflikten?

Gerade im Kontext der jüngsten Finanzmarktkrise ist vielen Menschen ins Bewusstsein getreten, dass die bestehende internationale Finanzarchitektur – ihre Spielregeln, ihre Instrumentarien etc. – nicht nur im volkswirtschaftlichen, sondern auch im ethischen Sinn höchst fragwürdig und jedenfalls reformbedürftig ist. Viele fragen sich deshalb: „Ist Geldanlage – gleich in welcher Form – nicht schon in sich ethisch problematisch, weil es ja – von ganz wenigen Anlageformen einmal abgesehen – bedeutet, zum Mitakteur auf den ethisch fragwürdigen Kapitalmärkten zu werden?" Außerdem sind finanzwirtschaftliche Strukturen oft dermaßen komplex, dass man nie ganz sicher sein könne, alle Bereiche der hier geforderten sozialen, ökologischen und kulturellen Verantwortung ausreichend zu berücksichtigen. Müsste man im Sinne der ethischen Unbedenklichkeit also nicht überhaupt die Finger davon lassen?

Viele Menschen und Institutionen sehen sich zu einer derartigen „Enthaltsamkeit" aber gar nicht in der Lage, sondern – zumeist aufgrund vielfältiger, ebenfalls sittlich begründbarer Verpflichtungen – vielmehr mit der Notwendigkeit von Geldveranlagung konfrontiert: etwa bei mangelnden Alternativen zur Vorsorge und Absicherung im Krankheitsfall, zur Finanzierung der Ausbildung von eigenen Kindern, um nach dem Erwerbsleben weiterbestehenden Unterhaltsverpflichtungen nachkommen oder um zu einem späteren Zeitpunkt größere Eigenkapitalinvestitionen tätigen zu können. Ebenso müssen z. B. Ordensgemeinschaften und Diözesen für jene ihrer hauptamtlich Beschäftigten, die nicht ins staatliche Sozialversicherungssystem integriert sind, Kapitalstöcke bilden, um deren Krankheits- und Altersvorsorge gewährleisten zu können. In solchen und ähnlichen Fällen ist das Thema Geldanlage praktisch nicht zu umgehen – zumindest unter den aktuellen wirtschaftlichen Rahmenbedingungen.

Gerade anhand solcher Beispiele wird deutlich, dass eine alltagstaugliche und -relevante Ethik sich keineswegs darauf beschränken kann, hehre sittliche Imperative zu formulieren, ohne deren tatsächliche Realisierbarkeit im Auge zu behalten. Sie muss vielmehr normative Unterstützung für konkrete und oftmals unvermeidbare Entscheidungssituationen leisten. Die großen ethischen Traditionen bieten dafür allerdings lebenspraktische Hilfestellungen:

2.4.1 *„Ultra posse nemo tenetur"* – Über das persönliche Vermögen hinaus kann niemand sittlich verpflichtet werden

Der in dieser Zwischenüberschrift formulierte ethische Grundsatz will vor moralischer Überforderung schützen und besagt: Wo sich einem Menschen (trotz gewissenhafter Suche danach) tatsächlich keine (zumutbaren) Alternativen zu einer ethisch problematischen Handlung bieten, kann er dafür auch nicht sittlich belangt werden. Ein Mensch kann immer nur soweit für sein Handeln verantwortlich gemacht werden, als sich ihm dafür Handlungsspielräume bieten.

Wo es für einen Menschen oder eine Einrichtung also keine Alternative gibt, zum Mitakteur auf den (gegenwärtig ethisch problematischen) internationalen Finanzmärkten zu werden, gibt es *in diesem Punkt* auch keinen sittlichen Einwand. Das trifft letztlich bereits für jemanden zu, für den z. B. aufgrund gesetzlicher Bestimmungen Lohnbestandteile in eine Pensionsvorsorgekasse eingezahlt werden. Die sittliche Verpflichtung bleibt in einem solchen Fall auf die sich bietenden Handlungsalternativen innerhalb des selbst alternativenlosen Aktionsfeldes beschränkt. Das heißt es geht hier nur noch darum, innerhalb des

Handlungsfeldes „Kapitalmarktveranlagung" der persönlichen oder institutionellen Wertordnung entsprechend verantwortlich zu agieren.

2.4.2 Wahl des geringeren Übels

Neben dem oben genannten Grundprinzip zum Schutz vor moralischer Überforderung besagt das ethische Grundprinzip der „Wahl des geringeren Übels", dass man im Fall einer – ansonsten alternativenlosen – Entscheidungssituation zwischen in sich ethisch problematischen Handlungsmöglichkeiten stets das geringere Übel zu wählen hat. Es gibt also eine sittliche Pflicht zur Schadensminimierung.

Für die Frage der Geldveranlagung bedeutet dies zweierlei: a) Es gibt eine sittliche Verpflichtung für Anleger bzw. Investoren, in ihren Investment-Entscheidungen nie nur auf größtmögliche Rendite, sondern nach Maßgabe aller zur Verfügung stehenden Informationsmöglichkeiten immer auch auf die Folgen ihrer Entscheidungen für Mensch, Gesellschaft und Umwelt zu achten – und unter vergleichbaren Investment-Alternativen jene zu wählen, welche die geringsten negativen Folgewirkungen für diese *Stakeholder* erwarten lassen. b) Überdies ist jeder Mensch in seinem Gewissen verpflichtet, eine Abwägung zwischen persönlichen oder vertretungsweise übernommenen Gewinnansprüchen und möglichen negativen Folgewirkungen derselben vorzunehmen und ggf. Alternativen zu ergreifen, selbst wenn diese Abstriche bei den Renditeerwartungen nach sich ziehen.

2.4.3 Güterabwägung – Hierarchie der Werte

Wendet man das Prinzip der Wahl des geringeren Übels ins Positive, kommt man zum Prinzip der Güterabwägung, also der Wahl zwischen verschiedenen ethischen Werten. Es zeigt sich, dass es in der Realität immer wieder auch Handlungsfelder gibt, die nur Optionen bieten, die nie alle für das handelnde Subjekt bedeutsamen moralischen Werte gleichermaßen berücksichtigen. Hier stellt sich für den Einzelnen oder davon betroffene Institutionen die Herausforderung, ihre sittlichen Werte in eine Rangordnung zu bringen und ggf. gegeneinander abzuwägen.

Wer sich im Bereich der Geldveranlagung etwa in dieser Frage allzu sittlich rigoros verhält und ohne Kompromisse alle benannten ethischen Kriterien absolut berücksichtigt wissen will, kann leicht in die Situation kommen, auf dem Kapitalmarkt überhaupt keine oder zumindest keine in Hinblick auf notwendige Risiko-, Liquiditäts- oder Renditeerfordernisse realistischen Investitionsmöglichkeiten vorzufinden. Diese Situation ist u. a. den im modernen Wirtschaftsleben häufig äußerst komplexen Unternehmensstrukturen und hochtechnologischen Gütern geschuldet.[14] Hier zeigt sich besonders deutlich, dass ethisch motiviertes Handeln niemals den Bezug zur Realität ausklammern darf und in vielen Fällen die Bereitschaft bzw. Fähigkeit zu Kompromissen erfordert. Den Vorwurf „fauler" Kompromisse muss niemand fürchten, der seine Entscheidungen nachvollziehbar mit einer ausformulierten Wertehierarchie und dementsprechend gestützt auf einen gewissenhaften Prozess ethischer Güterabwägung begründen kann.

2.4.4 Pragmatisch-dynamische Ethik

Solche Prozesse können sehr mühsam sein, müssen in einer sich unaufhörlich verändernden und an Komplexität zunehmenden Realität immer wieder von Neuem durchlaufen und erneuert werden und schenken nie das sichere Gefühl, alle ethischen Verantwortungserfordernisse vollständig, irrtumsfrei oder auch nur in Hinblick auf ihre Zumutbarkeit ausreichend erfüllt zu haben. Letztlich kann aber auch hier ein pragmatischer und dynamischer Zugang helfen: Besser, man unterwirft in einem ersten Schritt seine Investment-Entscheidungen nur einzelnen realisierbaren Ethik-Kriterien als überhaupt keinen – und entwickelt mit wachsender Ethik-Kompetenz, wachsender Informationsbasis und vielleicht auch wachsenden Handlungsmöglichkeiten schrittweise und kontinuierlich seine ursprünglich vielleicht noch rudimentäre Ethik-Kriteriologie weiter.

Analoges gilt im Übrigen auch gegenüber einem häufig geäußerten skeptischen Argument in der Ethik-Investment-Debatte: Die Auswahl von Investitionstiteln muss sich ja immer auf deren Bewertung nach ethischen Kriterien stützen; diese Bewertung kann aber immer auch von Unschärfen, Transparenzdefiziten und möglicherweise fehlerhaften bzw. ungenügenden Informationsquellen getrübt sein. Deshalb könne es auch hier niemals eine vollständige „ethische Sicherheit" geben. – Dieses Argument verweist zwar auf ein nicht zu leugnendes Problemfeld ethisch orientierten Investments, entzieht seiner Idee bzw. seinem Ansatz aber deshalb noch lange nicht den Boden: Es bleibt einem zunächst zwar vielleicht nichts anderes übrig, als sich auf eine vorhandene und möglicherweise mangelhafte Datenbasis zur ethischen Bewertung von Wertpapieremittenten bzw. Kreditnehmern zu stützen; aber es ist immer noch besser, das zu tun, als gar nichts. Und es bleibt der weiteren Verantwortung anheimgestellt, diese Datenbasis kontinuierlich zu erweitern und qualitativ zu verbessern.

Anmerkungen:

1 Weil es sich zum Beispiel gezeigt hat, dass das wiederholte Nichteinhalten von Versprechen oder Verträgen über kurz oder lang dem für funktionierende zwischenmenschliche Beziehungen unabdingbaren Grundvertrauen den Boden entzieht und so zu einer Destabilisierung der Gesellschaft führt, entwickelte sich die sittliche Norm, dass Versprechen und Verträge auch einzuhalten sind.

2 Die Katholische Soziallehre kennt dafür den Begriff „Strukturen der Sünde" und macht damit auf genau diesen Zusammenhang aufmerksam, dass das sittliche Fehlverhalten vieler häufig genau jene sozialen Strukturen ausbildet, welche weitere Ungerechtigkeiten generieren bzw. verfestigen.

3 Unter Gemeinwohl versteht man den Nutzen bzw. das Wohlergehen einer Gesellschaft. Handlungen, welche einem Teil der Gesellschaft größeren Nutzen stiften, als dadurch in den anderen Gruppen der Gesellschaft Nutzen verloren geht, gelten als Steigerung des Gemeinwohls. Die exakte Messung des Konstrukts „Nutzen" ist jedoch nicht allgemeingültig durchführbar, weshalb immer wieder ein Diskurs darüber zu führen ist, ob ein bestimmtes Handeln das Gemeinwohl tatsächlich mehrt oder nicht.

4 Ähnliches vertraten weitere bedeutende Philosophen und Staatsmänner der klassischen Antike wie Platon, Cato und Seneca.

5 Zentrale Bibelstellen für die frühchristlichen Zinsverbote sind etwa Lev 25,35f *(Wenn dein Bruder verarmt und sich neben dir nicht halten kann, sollst du ihn – auch einen Fremden oder Halbbürger – unterstützen, damit er neben dir leben kann. Nimm von ihm keinen Zins und Wucher! ...)* oder Lk 6,34 *(Wenn ihr nur denen etwas leiht, von denen ihr es zurückzubekommen hofft, welchen Dank erwartet ihr dafür? Auch die Sünder leihen Sündern in der Hoffnung, alles zurückzubekommen.)*

6 Z. B.: Ex 22,24ff *(Leihst du einem aus meinem Volk, einem Armen, der neben dir wohnt, Geld, dann sollst du dich gegen ihn nicht wie ein Wucherer benehmen. Ihr sollt von ihm keinen Wucherzins fordern. Nimmst du von einem Mitbürger den Mantel zum Pfand, dann sollst du ihn bis*

Sonnenuntergang zurückgeben; denn es ist seine einzige Decke, ...), Dtn 23,20f *(Du darfst von deinem Bruder keine Zinsen nehmen: weder Zinsen für Geld noch Zinsen für Getreide noch Zinsen für sonst etwas, wofür man Zinsen nimmt. Von einem Ausländer darfst du Zinsen nehmen, von deinem Bruder keine ...)* ABER Lk 19,23: Das Gleichnis vom anvertrauten Geld. *(Warum hast du dann mein Geld nicht auf die Bank gebracht? Dann hätte ich es bei der Rückkehr mit Zinsen abheben können.)* In diesem völlig anderen Kontext wird das Zinsnehmen offenbar legitimiert.

7 Mögliche Berechtigungsgründe für die Geltendmachung von Mehrforderungen bei der Kreditrückzahlung: der Ersatz für entgangenen Nutzen, der entstanden wäre, hätte man das geliehene Geld selbst verwendet *(lucrum cessans)*, die Entschädigung für einen aufgrund des Darlehens entstandenen wirklichen Schaden *(damnum emergens)*, der Ausgleich für die Gefahr, das geliehene Geld überhaupt zu verlieren *(periculum sortis)* sowie die Buße für die Verzögerung der Geldrückgabe über den vereinbarten Zeitpunkt hinaus *(poena conventionalis)*.

8 Der can. 1543 des kirchlichen Gesetzbuches von 1917 nennt schließlich auch noch den gesetzlich bestimmten Gewinn *(lucrum legale)* als weiteren Zinstitel, falls dieser nicht übermäßig hoch ist; ja, es wäre sogar ein über den gesetzlich festgesetzten Zinsfuß hinausgehender Zins zulässig, falls dafür ein ausreichender Grund vorliegt.

9 Diese Rechtfertigung kann freilich nicht einfach für das heute gängige Zinseszins-System übernommen werden, das einer eigenen kritischen Betrachtung bedürfte, die diesen Rahmen allerdings sprengen würde.

10 2. Vatikan. Konzil, Pastoralkonstitution *Gaudium et spes*, 71: AAS 58 (1966) 1092-1093.

11 Von ethisch verantwortlichem Handeln kann ja letztlich nur in einer Situation die Rede sein, in der prinzipiell auch die Möglichkeit unsittlichen Handelns besteht. Wo es keine Wahlfreiheit zwischen Handlungen unterschiedlicher sittlicher Qualität mehr gibt, gibt es auch keine Moral mehr bzw. endet die Zuständigkeit jeder Ethik, insofern sittliches Handeln Freiheit stets unabdingbar voraussetzt.

12 Für eine Zukunft in Solidarität und Gerechtigkeit. Wort des Rates der Evangelischen Kirchen in Deutschland und der Deutschen Bischofskonferenz zur wirtschaftlichen und sozialen Lage in Deutschland, Nr. 168.

14 Wer z. B. aufgrund ethischer Motive die Produzenten von Rüstungsgütern und deren Zulieferer zu 100 % aus seinem Investment ausschließen will, muss konsequenterweise dann auch u. U. manche Produzenten von Computer-Chips ausschließen, weil diese neben vielen anderen auch Rüstungsproduzenten mit ihren Produkten beliefern. Hier kann es im Sinne einer ethisch gebotenen Güterabwägung sinnvoll sein, mit bestimmten Umsatzgrenzen zu arbeiten und in der Folge nur solche Chip-Hersteller von den eigenen Investitionen auszuschließen, die z. B. mehr als 5 % ihres Umsatzes aus Geschäften mit Rüstungsherstellern lukrieren.

3. Kapitel

Ethische Geldanlage: Quadratur des Kreises oder conditio sine qua non*?

*lat. notwendige Bedingung

3.1 Warum überhaupt Geld anlegen?

Was bedeutet „Geld anlegen"?
Und warum tut man es überhaupt?

Wer in der glücklichen Lage ist, sprichwörtlich so zu leben wie die biblischen „Lilien auf dem Felde" bzw. „Vögel des Himmels", die weder säen noch sonst wie für ihre Zukunft vorsorgen, kann sich diese ganze Auseinandersetzung mit sittlichen Problemen des Besitzes und Umgangs mit Geld getrost ersparen. Für den Fall, über mehr Geld zu verfügen, als für die Bedeckung des unmittelbaren Lebensbedarfs benötigt wird, ist es wohl am sittlichsten, diesen Überschuss gleich wieder zu verschenken bzw. zu spenden – sinnvollerweise jenen, die dessen am meisten bedürfen, oder solchen Projekten, die das Gemeinwohl am meisten befördern.

Tatsächlich sieht die Lebensrealität für die meisten Menschen und Einrichtungen allerdings anders aus: Investitionen sind zu finanzieren, deren Volumen erst einmal mühsam aufgebracht werden muss – durch Ansparen bzw. Kreditnahme. Oder es gilt, für zukünftige Lebensphasen (Ausbildung der Kinder, Altersvorsorge etc.) Geld zurückzulegen, „damit man es hat, wenn man es braucht". In diesem Kontext Geld anzulegen, bedeutet zunächst, so zu investieren, dass die investierte Summe in ihrem Wert erhalten bleibt und darüber hinaus eine Rendite abwirft. Damit grenzt sich die Geldanlage sowohl vom Konsum ab, bei dem Geld verbraucht wird (zumindest aufseiten desjenigen, der konsumiert), als auch von der Spende, bei der ebenfalls nicht die Absicht besteht, einen finanziellen Nutzen zu lukrieren. Beides – sowohl der Konsum als auch die Spende – können unter denselben ethischen Gesichtspunkten betrachtet werden wie die Anlage in Finanzprodukte. Es sei an dieser Stelle also nochmals betont, dass die ethische Verantwortung im Umgang mit Geld nicht auf Finanzprodukte beschränkt ist, sondern jeglichen Umgang mit Geld umfasst. Dennoch beschränken wir uns hier auf den Bereich der Geldveranlagung.

Man kann natürlich Geld ansparen, indem man es irgendwo – im sprichwörtlichen Sparstrumpf, im Tresor oder wo auch immer – einfach aufbewahrt. Aber bereits im biblischen Gleichnis von den Talenten kommt jener Knecht schlecht weg, der das ihm geliehene Talent einfach vergräbt, um es ohne Risiko, aber auch ohne Mehrwert zum vereinbarten Termin wieder zurückgeben zu können. Warum das? Geld hat zwar – zumindest in seiner heute am weitesten verbreiteten Form – im Unterschied zu den meisten anderen Gütern dieser Welt den Vorteil, dass man es relativ unaufwändig aufbewahren kann, ohne dass es verdirbt; seine ursprüngliche und volkswirtschaftlich auch sinnvolle Funktion erfüllt es aber gerade nicht in dieser Form der Hortung, sondern als Mittel zur Erleichterung und Förderung wirtschaftlicher Prozesse – sei es nun beim Austausch von Gütern und Dienstleistungen, sei es in der Finanzierung von Investitionen zur Generierung realen wirtschaftlichen Mehrwerts. Im Sinne der Gemeinwohlorientierung ist es also als sittlich höherwertig anzusehen, wenn jemand Geld nicht einfach für spätere Zwecke hortet, sondern die im Augenblick nicht benötigten Summen in der Zwischenzeit jemand anderem zur Verfügung stellt, der dessen gerade bedarf – sofern dessen Zweck sittlich positiv zu beurteilen ist.

Das aber bedeutet letztlich Geldanlage: Ich stelle Geld, das ich im Augenblick nicht unmittelbar selbst benötige, zwischenzeitlich anderen Zwecken zur Verfügung. Das kann auf direktem Weg geschehen, indem ich etwa jemandem Kredit gebe oder mich an einer fremden Unternehmung beteilige; das kann freilich auch auf dem Weg professioneller Vermittlung geschehen, indem ich mein Geld Finanzdienstleistern anvertraue, die mein Geld stellvertretend veranlagen, also bestimmten Zwecken zuführen.

Eines sollte jedenfalls klar sein: Sobald ich Geld auch nur auf ein Sparkonto „lege", bleibt es gewiss nicht wie bei Dagobert Duck in einem großen Tresor und wartet dort, bis es von mir wieder abgeholt wird, sondern es „landet" praktisch immer bei einem anderen wirtschaftlichen Zweck. Das gilt auch bereits für Geld, das über ein normales Girokonto läuft. Wenn man bedenkt, dass es heute in der Wirtschafts- und Arbeitswelt nahezu unumgänglich geworden ist, zumindest über ein solches Girokonto zu verfügen (etwa zur Abwicklung von Gehaltszahlungen), wird es leicht einsichtig, dass es praktisch gar nicht möglich ist, etwa aus moralischen oder anderen Gründen Geldanlage per se abzulehnen. Sie ist schlichtweg eine unvermeidliche Realität in einer entwickelten, arbeitsteiligen Volkswirtschaft.

Die sittlich eigentlich relevante Frage lautet also gar nicht, „Geldanlage – ja oder nein?", sondern „Geldanlage – wie?", also: Für welche Zwecke, zu welchen Bedingungen, mit welchen Methoden und Zielen wird Geld veranlagt bzw. zur Verfügung gestellt? Und damit sind wir bereits mitten im zentralen Fragefeld ethischen Investments.

3.2 Kein Ethik-Investment ohne persönliche Moral

Auf welcher sittlichen Grundlage baut ethisches Investment auf?

Es gibt keine Einheitsmoral. Wenn man als Grundfrage der Ethik die Frage nach einem (im sittlichen Sinn) guten Leben (für alle bzw. für möglichst viele) annimmt, wird evident, dass das, was für den einen Menschen unabdingbar zu so einem guten Leben gehört, nicht unbedingt und vollständig mit dem übereinstimmen muss, was sich ein anderer darunter vorstellt. Das gilt zumal in einer weltanschaulich pluralistischen Weltgesellschaft.

Freilich gibt es sogar innerhalb moderner, pluralistischer Gesellschaften so etwas wie einen ethischen Grund- bzw. Minimalkonsens über zentrale Werte des sozialen Zusammenlebens. Aber bereits über die Mittel und Wege zur Realisierung bzw. Bedienung dieser Grundwerte können die Meinungen wieder divergieren. Letztlich bleibt es also niemandem erspart, einen dem persönlichen weltanschaulichen, lebensgeschichtlichen, kulturellen ... Hintergrund entsprechenden ethischen Wertekanon zu formulieren. Dieser umfasst in der Regel nicht nur ein mehr oder weniger umfangreiches Bündel von sittlichen Zielvorstellungen und normativen Regeln zu deren Erreichung, sondern auch eine „Hierarchisierung", also eine Rangordnung derselben.

Da sich einerseits die Herausbildung eines solchen Wertekanons bei den meisten Menschen als komplexer, die persönliche Biografie lebenslang begleitender und oftmals gar nicht bewusst reflektierter Prozess darstellt, andererseits das alltägliche Leben in vielen anderen Fällen auch gar nicht nach einem explizit und bewusst formulierten Wertekanon verlangt, stellt genau diese Aufgabe viele Menschen vor eine große, weil wenig geübte Herausforderung bei ihren Entscheidungen über eine ethisch korrekte Veranlagung ihres Geldes.

Eine gewisse Hilfe können hier die „vorgearbeiteten" Wertesysteme großer Weltanschauungen, Religionen oder politischer Bewegungen bieten. Gerade für den Bereich des ethischen Investments sei hier beispielhaft auf den *Frankfurt-Hohenheimer Leitfaden* verwiesen, der den weltweit wohl umfassendsten und differenziertesten ethischen Kriterienkatalog enthält: Dieser Leitfaden entwickelt sich mithilfe eines „Wertebaums" entlang der drei Grundthemen der Kultur-, Sozial- und Umweltverträglichkeit und bietet ethisch interessierten Investoren eine Orientierung auf Basis christlicher Moral und Soziallehre.[1]

3.3 Gutes Gewissen oder wirtschaftspolitische Gestaltungsmacht?

Was kann Ethik-Investment bewirken?
Worauf zielt Ethik-Investment ab?

Nicht nur die „Portfolios" und die Rangordnungen sittlicher Werte und Normen können von Mensch zu Mensch divergieren. In der Realität treffen wir bereits auf Auffassungsunterschiede über die Reichweite persönlicher sittlicher Verantwortung:

Während die einen es für ausreichend erachten, in ihrem individuellen Verhalten und Entscheiden nicht gegen ihrer Vorstellung von gutem Leben entsprechende sittliche Normen zu verstoßen, sehen sich andere auch in einer politischen Verantwortung für die positive Mitgestaltung gesellschaftlichen Zusammenlebens. Das gilt auch für den Bereich ethisch orientierten Investments:

3.3.1 „Vermeidendes" Ethik-Investment

Die vermutlich überwiegende Mehrheit jener Menschen, die überhaupt schon von der Idee und Möglichkeit ethisch orientierten Investments gehört haben, sieht darin v. a. einen Weg, eingesetztes Kapital nicht an wirtschaftlichen Prozessen zu beteiligen, die mit persönlichen sittlichen Normen und Werten der Anleger nicht in Einklang zu bringen sind: Folglich werden inhumane, asoziale und/oder unökologische Bereiche des wirtschaftlichen bzw. politischen Lebens entweder komplett oder zumindest jenseits bestimmter Toleranzgrenzen aus dem potenziellen Anlageuniversum ausgeschieden. Das Grundmotiv dieses „vermeidenden" Investment-Ansatzes, der in seiner Investment-Strategie folglich hauptsächlich mit ethischen Ausschluss- bzw. Negativkriterien operiert, liegt in der Entlastung des persönlichen Gewissens der Anleger: Diese wollen in ihren Geldgeschäften eine möglichst „saubere Weste" behalten. Dem entsprechen auch die weitverbreiteten Werbesujets zahlreicher Ethik-Investment-Anbieter rund um das Motto „Geldanlegen mit gutem Gewissen".

Aus der Sicht des Ethikers ist allerdings zu fragen, ob eine solcherart rein vermeidende Moral das von ihr angestrebte reine

Gewissen überhaupt zu Recht verdient. Schränkt diese Herangehensweise die Anlegerverantwortung nicht zu sehr auf eine rein individualethische Reichweite ein? Und gibt es im Gegensatz dazu nicht sogar eine allgemeine sittliche Verpflichtung, alle einem Menschen zu Gebote stehenden Mittel auch im Sinne positiver Mitverantwortung für das gesellschaftliche Ganze ins politische Spiel konkurrierender Interessen zu bringen?

3.3.2 „Förderndes" Ethik-Investment

Diesem eindeutig weiter reichenden Motiv sind jedenfalls jene Ansätze im Bereich ethisch orientierten Investments verpflichtet, die im Unterschied zu „vermeidend" das Attribut „fördernd" tragen. Hier lassen sich wiederum zwei Grundstrategien unterscheiden:

a) Die **direkte Investition** in ethisch wünschenswerte Produkte und Dienstleistungen, Wirtschaftsziele und -formen: Dabei wird Kapital direkt entsprechend ethisch definierter Positivkriterien veranlagt, z. B. in Form von Fördersparbüchern, Sozial- oder Ökologie-Anleihen, ethisch orientierten Themenfonds bis hin zu Direktbeteiligungen. Nutzen und Wirkung dieses Ansatzes sind evident: Die Investoren unterstützen mit ihren Investments nicht nur ihr gutes Gewissen, sondern zugleich ethisch bevorzugte Projekte, indem sie deren Kapitalaufbringung begünstigen und ihnen ein „ermutigendes" Shareholder-Feedback auf Basis ethischer Werte geben.

b) Etwas komplexer stellt sich innerhalb des fördernden Investment-Ansatzes die **Best-in-Class-Strategie** dar: Dabei wird zunächst keine Branche, kein Unternehmen oder Staat aufgrund ethischer Kriterien von vornherein von einem Investment ausgeschlossen; allerdings wird innerhalb des gesamten zur Verfügung stehenden Branchen- bzw. Wertpapierspektrums nur in jene Titel investiert, die den sittlichen Ansprüchen der Investoren jeweils am nächsten kommen. Dadurch sollen die dahinter stehenden Wertpapieremittenten im Wettbewerb mit ethisch weniger verantwortlich agierenden Konkurrenten Unterstützung und Stärkung erfahren. Die hier zugrunde liegende Idee läuft hinaus auf die Induzierung eines Wettbewerbs nach nicht nur ökonomischen, sondern eben auch ethischen Maßstäben.

Aufgrund seines „politischen Bewusstseins" überzeugt der eigene Wertvorstellungen positiv ins politische Spiel der Interessen bringende „fördernde" Ethikansatz den Sozialethiker gewiss mehr als der bloß vermeidende Ansatz, welcher die Anlegerverantwortung auf ihre individualethische Reichweite begrenzt, ohne die positiven politischen Steuerungs- bzw. Mitgestaltungsmöglichkeiten ethisch orientierten Investments wahrzunehmen.

Hinsichtlich dieses positiven Lenkungspotenzials sind freilich einige kritisch einschränkende Anmerkungen zu machen: Da davon auszugehen ist, dass Geldmittel großteils über Wertpapiere – Aktien und Anleihen – veranlagt werden und dabei wiederum der überwiegende Anteil des investierten Kapitals – außer im Fall von Erstausgabeterminen – ja gar nicht direkt über die primären Kapitalmärkte den Emittenten der Wertpapiere zufließt, sondern einfach auf den sekundären Wertpapiermärkten zirkuliert, stellt sich die Frage, wie groß der ethisch motivierte Lenkungseffekt des eingesetzten Kapitals auf die Realwirtschaft bzw. -politik tatsächlich ist, von welchen Faktoren er primär abhängt und v. a. wie er gesteigert bzw. optimiert werden kann.

Insgesamt wird man sagen müssen, dass die empirisch schwer messbaren politischen Wirkungen des ethisch motivierten Investments durch ein sehr heterogenes Bündel unterschiedlicher Faktoren verursacht sind, in das sich neben den ökonomischen Argumenten im engeren Sinn (Erschwerung bzw. Erleichterung der Kapitalaufbringung) etwa die Imagepflege der Unternehmen genauso mischt wie deren Sensibilität für soziale und ökologische Stimmungslagen unter ihren Stakeholdern, die letztlich ja in die entsprechende Gestaltung politischer Rahmenbedingungen für die Wirtschaft münden (können).

3.3.3 „Politisches" Ethik-Investment: Engagement

Insofern gibt es wohl nur eine wirkliche „Hochform" ethisch orientierten Investments im Sinne unmittelbarer Einbringung ethischer Motive ins politische Spiel der Interessen: Engagement. Darunter ist im Kontext des Ethik-Investments der direkte Kontakt zwischen Investoren und betroffenem Unternehmen bzw. Staat zu verstehen, im Zuge dessen die (ethisch orientierten) Investoren versuchen, unmittelbaren Einfluss auf die Politik von Unternehmen bzw. Staaten zu nehmen. Als Druckmittel werden dafür wiederum nicht nur zu veranlagendes bzw. bereits investiertes Kapital, sondern auch die Öffentlichkeit in Anschlag gebracht – aber eben in direkter Linie: sei es durch kontinuierliches Lobbying bei unternehmerischen bzw. politischen Verantwortungsträgern, sei es im Wege der Stimmrechtsausübung als kritische Aktionäre. Gerade hier wird einmal mehr deutlich, dass ethisch orientiertes Investment vielfach dieselben Instrumentarien zur Durchsetzung seiner Interessen nutzt wie sein konventionelles, rein renditeorientiertes Pendant, aber eben im Dienst ethisch bestimmter Werte und Interessen.[2]

3.4 Ethische Urteilsbildung auf Basis objektiver Daten: Ethik-Rating

Wie kommt man zu verlässlichen Informationen als Grundlage für ethisch orientierte Anlageentscheidungen?

Wenn jemand eine konkrete Vorstellung davon hat, in welche Wirtschaftsprozesse, Produkte und Technologien er investieren bzw. nicht investieren will, wenn dafür also eine normative Wertebasis definiert ist, stellt sich immer noch das Problem der Umsetzung in konkrete Veranlagungen. Denn die Beurteilung einzelner Geldanlagemöglichkeiten nach ethischen Kriterien erweist sich vor dem Hintergrund asymmetrischer Informationsstrukturen und komplexer wirtschaftlicher Abläufe und Unternehmensverbindungen für einzelne Investoren als äußerst schwierig bzw. ab einem bestimmten Präzisionsgrad als geradezu unmöglich. Wie kann also ein einzelner Geldanleger herausfinden, welche Unternehmen in welchem Umfang etwa moralisch abzulehnende Produkte (z. B. Rüstungsgüter oder Atomstrom) herstellen oder in moralisch abzulehnende Praktiken und Verfahren (z. B. Kinder- oder Sklavenarbeit, Verursachung massiver Umweltschäden) involviert sind – noch dazu, wenn es u. U. gar nicht unmittelbar die für ein Investment in Frage kommenden Unternehmen selbst betrifft, sondern – wie in einer globalisierten und stark arbeitsteiligen Wirtschaft üblich – deren über den ganzen Globus und eine Vielzahl von Branchen verstreute Zulieferfirmen? Die Unternehmen selbst kommunizieren solche Sachverhalte in der Regel ja nicht, und häufig sind sie sich einer allfälligen Verstrickung in moralisch problematische Zusammenhänge auch gar nicht bewusst. Umgekehrt kann es auch vorkommen, dass sich v. a. medial erhobene Vorwürfe gegen einzelne Unternehmen als übertrieben oder unwahr erweisen. Letztlich wird also viel Zeit, Know-how und auch Geld benötigt, um Unternehmen hinsichtlich ihrer sozialen und ökologischen Leistungen differenziert und fair beurteilen zu können. Um Anlageoptionen miteinander vergleichen zu können, bedarf es deshalb eines objektiven und qualitativ hochwertigen Analyseverfahrens, das die Möglichkeiten einzelner Investoren in der Regel bei Weitem übersteigt. Letztlich setzt ethisch verantwortliches Handeln aber eine möglichst präzise und umfassende Analyse der Handlungsoptionen voraus, um seinen eigenen Gerechtigkeitsnormen entsprechen zu können.

3.4.1 Ethik- und Nachhaltigkeitsrating (in der Folge „ENR")

Diese Aufgabe wird am besten von professionellen ENR-Agenturen wahrgenommen. Ratings sind vergleichende Beurteilungen unternehmerischer Aktivitäten auf der Basis einheitlicher Merkmale. Anders aber als Finanzrating-Agenturen wie *Standard&Poors, Moody's* oder *Fitch*, welche unter den finanzwirtschaftlichen Erfolgsparametern v. a. auch die Fähigkeit eines Unternehmens beurteilen, einmal aufgenommene Schulden wieder zurückzahlen zu können, bewerten ENR-Agenturen die gesellschaftlichen und ökologischen Aspekte von Unternehmungen. Sie zielen darauf ab, den Investoren verlässliche Einzel- und Gesamtbeurteilungen der sozialen und ökologischen Leistungen und Verfehlungen von Wertpapieremittenten zu liefern. Anhand ihrer standardisierten Bewertungsergebnisse können Investoren diese miteinander vergleichen und so zu sachlich begründeten, ethisch motivierten Anlageentscheidungen kommen.

Vor allem ethisch und nachhaltig orientierte Investoren, Kapitalanlagegesellschaften und Fondsgesellschaften bedienen sich dieser ENR-Ratings und treffen ihre Investitionsentscheidungen auf deren Basis. Private Investoren können sie in der Regel nur indirekt nutzen, indem sie in Geldanlageprodukte investieren, die auf der Basis eines solchen Ratings entwickelt wurden. Zu beachten ist, dass die Kriterien und Methoden der einzelnen ENR-Agenturen sehr unterschiedlich sein können und es deshalb vorkommen kann, dass Unternehmen nach dem einen Rating-Ansatz als ethisch investierbar, nach einem anderen Ansatz aber als unethisch eingestuft werden. Es ist daher ratsam, sich auch die hinter verschiedenen Ethik-Investment-Produkten stehenden ENR-Verfahren kritisch anzusehen. Da es für die vielfältigen Verfahren und Kriterien des Ratings allerdings keine allgemein verbindlichen Standards gibt, ist eine differenzierte Bewertung all dieser Ansätze sehr komplex und zeitaufwändig, und häufig bleiben Fragen offen. Doch gilt auch hier festzuhalten: Selbst wenn keine restlose Übereinstimmung der Kriterien und Verfahren eines ENR-Ansatzes mit der eigenen Wertebasis gegeben ist, bedeutet eine zumindest teilweise Übereinstimmung und eine darauf aufbauende ethische Investment-Entscheidung einen Fortschritt gegenüber einer konventionellen, nicht ethisch motivierten Geldanlage.

3.4.2 Qualitätssicherung im ENR-Verfahren

Die Schwierigkeit eines Ratings besteht nicht nur darin, Informationen überhaupt zu erlangen, auszuwerten und auf ihre Glaubwürdigkeit und Relevanz hin zu prüfen, sondern auch darin, ein Rating-Verfahren zu entwickeln, welches eine faire und objektive Bewertung der Unternehmen gewährleistet. Denn nur auf einer solch verlässlichen Grundlage sind soziale und ökologische Leistungen von Unternehmen selbst ethisch korrekt untereinander vergleichbar und ethisch klar orientierte Anlageentscheidungen möglich. Damit ein solches Rating also selbst fair und objektiv vonstatten gehen kann, braucht es bestimmte Voraussetzungen:

a) **Finanzielle Unabhängigkeit:** Im Unterschied zu konventionellen Finanzrating-Agenturen, welche von den Unternehmen, die sie bewerten, in der Regel auch bezahlt werden, nehmen seriöse ENR-Agenturen von den zu bewertenden Unternehmen zunächst keine (finanzielle) Gegenleistung. Erst nach Abschluss der Bewertung haben die bewertenden Unternehmen die Möglichkeit, zu ihrer eigenen Information und allfälligen „Verbesserung" den detaillierten Prüfbericht käuflich zu erwerben. Hauptsächlich aber finanzieren ENR-Agenturen ihre Tätigkeit, indem sie ihre Ergebnisse an Investoren, Kapitalanlagegesellschaften und Fondsgesellschaften verkaufen, die auf Basis dieser Ratings investieren. Die bewertende Agentur darf also in keinem finanziellen Interessensverhältnis zu dem zu bewertenden Unternehmen stehen.

b) **Fachlich hochqualifizierter und -differenzierter Mitarbeiterstab:** Die Analysten solcher Agenturen verfügen über unterschiedliche Ausbildungshintergründe, welche in Hinblick auf die Erfordernisse der differenzierten und fachlich korrekten Bewertung sozialer und ökologischer Kriterien notwendig sind. Das heißt, dass weniger Ökonomen, sondern v. a. Personen mit geistes- und naturwissenschaftlichem Hintergrund in ENR-Agenturen tätig sind.

c) **Intaktes und breit angelegtes Informationsnetzwerk:** Die Untersuchungen professioneller ENR-Agenturen basieren im Wesentlichen auf vier Informationsquellen: Zunächst werden jene Informationen analysiert und bewertet, welche die zu untersuchenden Unternehmen von sich aus zur Verfügung stellen, etwa Geschäfts- und Nachhaltigkeitsberichte. Gleichzeitig werden Informationen – etwa Berichte und Statistiken – von öffentlichen Einrichtungen wie Ministerien oder internationalen Organisationen wie den Vereinten Nationen ausgewertet. Drittens werden Medienberichte verfolgt – in der Regel mithilfe kostenpflichtiger Datenbanken, welche die Medienberichterstattung zu einzelnen Unternehmen sammeln und zur Verfügung stellen. Schließlich werden auch noch – häufig auf bestimmte Spezialthemen konzentrierte – Informationen und Hinweise von Gewerkschaften, Kirchen und Nichtregierungsorganisationen ausgewertet und miteinbezogen.

d) **Transparenz:** Diese braucht es sowohl hinsichtlich der einzelnen Informationsquellen als auch des Rating-Prozesses selbst. Denn eine Bewertung ist nur dann glaubwürdig, wenn dargelegt werden kann, wie sie zustande gekommen ist. Dies ist für ethisch orientierte Investoren von besonderer Bedeutung, weil sie ihr Handeln auf der Basis gesicherter und seriöser Erkenntnisse steuern wollen.

3.4.3 Entwicklung der ENR-Szene

Auch wenn die meisten ENR-Agenturen noch relativ jung sind, reichen ihre Wurzeln und Vorläufer einige Jahrzehnte zurück. Nachdem 1989 der Öltanker *Exxon Valdez* vor Südalaska auf Grund gelaufen war und die auslaufenden 40.000 Liter Rohöl die Küste auf eine Länge von 2.000 Kilometern verseucht hatten, gründeten Umweltaktivisten, Investoren und Unternehmen die *Coalition for Environmentally Responsible Economies* (CERES). Diese Plattform entwickelte die CERES-Prinzipien, ein 10-Punkte-Programm für umweltgerechtes Verhalten in der Wirtschaft. Die Einhaltung dieser Prinzipien – darunter etwa die Selbstverpflichtung zur nachhaltigen Nutzung von natürlichen Ressourcen oder der schonende Umgang mit Energie – bildet bis heute eine Grundlage für nachhaltig orientierte Investoren.

Ein „Klassiker" des ethischen Investments ist das bereits 1972 gegründete *Interfaith Center on Corporate Responsibility* (ICCR), ein Zusammenschluss von mittlerweile 275 institutionellen Investoren in den USA, darunter v. a. Glaubens- und Ordensgemeinschaften, aber auch Pensionsfonds, Stiftungen und Gewerkschaften. Zusammen verfügen die ICCR-Mitglieder über ein Anlagevolumen von mehr als 100 Mrd. US-Dollar – eine Summe, mit der man das Thema Ethik in der Geldanlage auch substanziell voranbringen kann. Zwar handelt es sich bei der Tätigkeit des ICCR nicht um Rating im klassischen Sinn, aber das ICCR betreibt eine aktive Aktionärspolitik, bei der jährlich rund 200 Eingaben bei den Hauptversammlungen US-amerikanischer Unternehmen gemacht werden. Dabei wird auf ethisch relevante Themen- und Geschäftsfelder aufmerksam gemacht und ein Umdenken von Unternehmen eingefordert. Dazu kommen aktuelle Schwerpunktthemen wie etwa der Einsatz für eine Reform der US-Fleischindustrie, für das Recht auf Schulbildung für in der Baumwollindustrie von Entwicklungs- und Schwellenländern arbeitende Kinder oder gegen exzessive Managerentgelte.[3]

Das 1982 ebenfalls als kirchliche Initiative gegründete *Ethical Investment Research Service* (EIRiS) mit Sitz in London ist heute noch eine der führenden Institutionen zur Bewertung von Unternehmen nach sozialen und ökologischen Gesichtspunkten. Die größte unabhängige ENR-Agentur im deutschen Sprachraum ist die *oekom-research AG* in München, die 1993 mit einem Umwelt-Rating begann. Für eine umfassendere ethische Bewertung von Unternehmen entwickelte sie 1999 das *Corporate Responsibility Rating*, welches im Jahr 2001 durch ein *Country-Rating* zur

Beurteilung des Nachhaltigkeitsstandards von Staaten ergänzt wurde. Der ENR-Ansatz der *oekom-research AG* basiert auf der ethischen Systematik des Frankfurt-Hohenheimer Leitfadens, der mit ca. 850 Einzelkriterien weltweit umfassendsten wissenschaftlichen Ethik-Bewertungsbasis für Unternehmen. Derzeit werden rund 90 Mrd. Euro auf Basis der Ratings der *oekom-research AG* veranlagt. Daneben gibt es eine Reihe anderer ENR-Agenturen, wie etwa das *Institut für Markt-Umwelt-Gesellschaft e.V.* (imug) in Hannover, die *Sustainable Asset Management AG* (SAM) in Zürich oder die dafür eigens zuständige Abteilung des Bankhauses *Sarasin* in Basel.

3.5 Möglichkeiten und Instrumente ethischen Investments

Wo und auf welche Weise kann nach Ethikkriterien investiert werden?

Ethisches Investment zielt darauf ab, die wirtschaftliche Realität in Richtung einer nachhaltigen Entwicklung zu verändern. Dies geschieht sowohl über die Einbindung von ethisch verantwortlich und nachhaltig agierenden Finanzmarktakteuren als auch über Finanzprodukte, die über eine entsprechende Steuerungsmöglichkeit verfügen. Auch wenn der Eindruck vorherrscht, im Finanzgeschäft ginge es immer nur um die Maximierung von Profit: Es gibt Alternativen. Eine Handvoll zumeist kleinerer Banken, die sich in besonderer Weise auf ethische und nachhaltige

Geschäftspraktiken konzentrieren, haben in den letzten Jahren wachsenden Zulauf bekommen. Daneben gibt es mittlerweile aber auch in der Angebotspalette konventioneller Banken ethische und nachhaltige Alternativen zu konventionellen Geldanlageprodukten, die keinen Renditenachteil und auch kein höheres Risiko mit sich bringen.

3.5.1 Banken mit Schwerpunkt Ethik und Nachhaltigkeit im deutschsprachigen Raum

In den letzten Jahren hat sich im deutschen Sprachraum eine kleine, aber umso feinere Szene von Banken und Finanzdienstleistungsunternehmen mit einem Schwerpunkt auf Ethik und Nachhaltigkeit etablieren können. Schon länger existieren sogenannte Kirchenbanken, also Banken, die im (mehrheitlichen) Besitz von Einrichtungen der christlichen Kirchen stehen oder auf Initiative kirchlicher Einrichtungen gegründet worden sind. Diese Banken legen großen Wert auf ein ganzheitlich ethisches Geschäftsmodell, und durch die vornehmlich kirchliche Eigentümerstruktur ist gewährleistet, dass die Erträge der Banken wiederum hauptsächlich oder zur Gänze kirchlichen Einrichtungen bzw. Anliegen zugutekommen.

Neben den kirchlich strukturierten Banken gibt es auch eine Reihe von Alternativbanken, die im Wortsinn eine Alternative zu klassischen Geschäftsbanken darstellen. Ein Pionier auf diesem Gebiet ist die *GLS Gemeinschaftsbank eG* mit Hauptsitz in Bochum. Bei der GLS Bank können Einlagekunden mitentscheiden, in welche Gesellschafts- oder Wirtschaftsbereiche ihr

Geld fließen soll; die Palette reicht von ökologischer Baufinanzierung über erneuerbare Energien, soziale Wohnprojekte bis hin zu Bildungsinitiativen u. v. a. m. Einen eindeutig ökologischen Schwerpunkt setzt die *UmweltBank AG* in Nürnberg, die im Besitz von 7.500 privaten Aktionären ist. Die Produktpalette reicht von Umweltsparbüchern bis hin zu Direktbeteiligungen an ökologischen Projekten. In der Schweiz zählt die *Alternative Bank ABS* mit Hauptsitz in Olten zu den Vorreiterinnen der Förderung ökologischer und sozialer Vorhaben. Die *Raiffeisenkasse Bozen* hat mit ihrer *Initiative Ethical Banking* für ethisch und nachhaltig orientierte Kunden eine Möglichkeit geschaffen, Geld in Fördersparbriefe zu investieren, die wiederum die Grundlage für Darlehen zugunsten von Ökologie, Projekten in Entwicklungs- und Schwellenländern, bäuerlicher Kultur usw. bilden.

All diesen Banken und Initiativen ist eines gemein: In den letzten Jahren und vor allem im Zuge der aktuellen Finanzkrise verzeichneten sie einen enormen Kundenzulauf. Der Grund liegt hauptsächlich im sensibler werdenden Bewusstsein einer wachsenden Zahl von Menschen darüber, dass sie zwar Bankdienstleistungen in Anspruch nehmen wollen und müssen, dass sie dabei aber auch die sich bietenden Möglichkeiten nutzen möchten, ihre ethische Verantwortung stärker ins Spiel zu bringen als bei konventionellen Banken.

Tab. 1: Ethik- und Nachhaltigkeitsbanken im deutschsprachigen Raum und deren Angebote (kein Anspruch auf Vollständigkeit)

	Girokonto	Ethische Geldanlagen	Finanzierung	Online-Banking	Hauptsitz
Alternative Bank Schweiz (ABS)	x	x	x	x	Olten (CH)
Bank im Bistum Essen	x	x	x	x	Essen (D)
Bank für Kirche und Caritas	x	x	x	x	Paderborn (D)
Bank für Orden und Mission	x	x	-	x	Idstein (D)
Ethical Banking	-	x	x (1)	-	Bozen (I)
Ethikbank (2)	x	x	-	x	Eisenberg (D)
Evangelische Kreditgenossenschaft (3)	x	x	x	x	Kassel (D)
GLS Gemeinschaftsbank	x	x	x	x	Bochum (D)
Landeskirchliche Kredit-Genossenschaft Sachsen eG	x	x	x	x	Dresden (D)
Liga Bank	x	x	x	x	Regensburg (D)
Pax Bank	x	x	x	x	Köln (D)
Bankhaus Schelhammer & Schattera	x	x	x	x	Wien (A)
Steyler Bank (4)	x	x	-	x	St. Augustin (D)
UmweltBank	x	x	x	x	Nürnberg (D)

(1) Finanzierung sozialer und ökologischer Projekte

(2) Direktbank

(3) Repräsentanz in Wien

(4) Niederlassung in Mödling bei Wien

3.5.2 Klassische Geldanlageformen und ihre ethische Bewertung[4]

Es ist an dieser Stelle nochmals festzuhalten, dass die ethische Verantwortung im Umgang mit Geld nicht auf Finanzprodukte beschränkt ist, sondern jeglichen Umgang mit Geld, also etwa auch im Konsum oder im Spendenwesen, umfasst. Hier beschäftigen wir uns jedoch schwerpunktmäßig mit der Geldanlage im engeren Sinne, also mit jenen Geldanlageformen, die für gewöhnlich im Kontakt mit Banken und Finanzdienstleistern angeboten werden. Es geht deshalb auch weniger um sogenannte Direktinvestitionen, bei denen unter Umgehung einer vermittelnden Instanz – einer Bank etwa – direkt in ökologische oder soziale Projekte investiert wird. Klassische Beispiele hierfür sind etwa Direktbeteiligungen in Windparks, ökologischen Landbau oder Sozialeinrichtungen. Solche Direktinvestments haben aus ethischer Sicht eine sehr hohe Wirkung, werden dabei doch sozial und ökologisch wichtige Projekte direkt gefördert und dadurch oft erst ermöglicht. Gleichzeitig sind diese Direktinvestitionen in der Regel aber nicht nur Geldanlagen, sondern eigentlich unternehmerische Beteiligungen und deshalb mit einem entsprechenden Risiko behaftet. Sowohl über die finanziellen Risiken als auch über die ethische Qualität von Direktinvestitionen muss also immer einzeln geurteilt werden.

Spar- und Sichteinlagen, Festgelder:
Dies ist die wohl häufigste Form der Geldanlage bei Banken. Die Geldanlage erfolgt für eine bestimmte Laufzeit zu bestimmten Konditionen, und für gewöhnlich weiß der Bankkunde nicht,

wofür sein Geld verwendet wird. Denn natürlich verschwindet das Geld nicht in einem Tresor, um nach einer gewissen Zeit samt Zinsen wieder hervorgeholt zu werden. Vielmehr wird das veranlagte Geld von der Bank ebenfalls investiert: Entweder werden damit Kredite vergeben, oder es wird am Finanzmarkt veranlagt. Die dabei erwirtschafteten Erträge werden zum Teil an die Bankkunden in Form von Zinsen oder Gewinnbeteiligungen weitergereicht, der verbleibende Teil stellt den Gewinn der Bank dar. Für welche Zwecke das Geld zur Verfügung gestellt wird, entzieht sich in der Regel dem Einfluss des Bankkunden. Eine Ausnahme bilden hier einige wenige Banken, die entweder transparent machen, für welche wirtschaftlichen Projekte Kredite vergeben werden, oder die ökologische und soziale Kriterien bei der Finanzmarktveranlagung in Anschlag bringen. Bereits das wenig spektakuläre Sparbuch und Festgeld zeigen sich also als keineswegs ethisch neutral bzw. harmlos.

Obligationen, Aktien:
Wer bereit ist, sein Geld längerfristig anzulegen, kann dabei auf Schuldverschreibungen bzw. Obligationen zurückgreifen. Dabei handelt es sich genau genommen um Kredite, die man den Emittenten der Schuldverschreibungen bzw. Obligationen gewährt. Diese Emittenten sind einerseits öffentliche Einrichtungen wie Städte, Länder, Staaten bzw. internationale Organisationen wie die Weltbank oder die Internationale Entwicklungsbank und andererseits (Groß-)Unternehmen, die sich über den internationalen Kapitalmarkt Fremdkapital verschaffen. Als Investor leiht man diesen Einrichtungen und Unternehmen also Geld, damit diese ihr „Geschäft" betreiben können. Die ethische

Relevanz liegt auf der Hand: Was machen diese Institutionen und Unternehmen mit dem Geld? Wer ethisch investieren will, kann hier bereits steuern, indem zum Beispiel nicht in Staaten, die Kriege führen, grundlegende Menschenrechte missachten oder das Kyoto-Protokoll nicht unterzeichnet haben, bzw. nicht in Unternehmen investiert wird, die Menschen ausbeuten oder die Umwelt zerstören.

Ähnlich verhält es sich bei einem Investment in Aktien: Auch hier können und sollen ethische Gesichtspunkte miteinbezogen werden. Unternehmen, die ihren Gewinn auf eine Art und Weise erwirtschaften, die der Gesellschaft schadet oder die Umwelt zerstört, sollten nicht Gegenstand einer Geldanlage sein. Umgekehrt sollten Unternehmen, die sich glaubwürdig und nachweisbar um sozial- und umweltverträgliche Wirtschaftsweisen bemühen, durch ein Investment gefördert werden.

Investmentfonds, Versicherungen

Wie bereits erwähnt, ist es für den einzelnen Investor aufgrund der hochkomplexen Wirtschaftsstrukturen unmöglich, die Aktivitäten von Staaten und Unternehmen umfassend ethisch zu beurteilen. Institutionelle Investoren, die große Summen veranlagen, beauftragen hierfür professionelle ENR-Agenturen, die entsprechende Analysen durchführen und in regelmäßigen Abständen Listen von Unternehmen und Staaten – sogenannte Anlageuniversen – erstellen, welche den jeweils deklarierten Ethikkriterien entsprechen und mithin für die ethisch orientierten Investoren als veranlagbar gelten können. Für die Mehrzahl der vor allem privaten Investoren, die vergleichsweise geringe Summen veranlagen, ist die Arbeit mit derart professionell gestalteten

Anlageuniversen aus Kostengründen jedoch nicht sinnvoll bzw. realistisch. Eine Alternative bieten deshalb Ethik- und Nachhaltigkeitsfonds. Dabei handelt es sich um Investmentfonds, die auf Anlageuniversen von ENR-Agenturen zurückgreifen und ähnlich professionell verwaltet werden wie die Portfolios institutioneller Anleger. Indem man sich bereits mit vergleichsweise kleinen Summen an derartigen Investmentfonds beteiligen kann, steht eine ethisch verantwortliche Geldanlage in Obligationen und Aktien praktisch allen interessierten Investoren offen. Ende 2008 gab es im deutschsprachigen Raum (D, A, CH) insgesamt 274 derartige Investmentfonds mit einem Gesamtvolumen von 21 Mrd. Euro, die sich hinsichtlich ihrer konkreten Anlagekriterien und damit hinsichtlich der tatsächlich veranlagten Titelauswahl mitunter stark voneinander unterscheiden. Einerseits ist das von Vorteil, weil Investoren dadurch die Möglichkeit haben, zwischen verschiedenen Angeboten wählen zu können. Andererseits erfordert es von ihnen die Bereitschaft, sich eingehend über diese verschiedenen Möglichkeiten zu informieren, um das ihren ethischen Vorgaben am besten entsprechende Angebot zu finden.

Ähnliches gilt für Versicherungsprodukte, vor allem Lebens- und Vorsorgeversicherungen: Die einbezahlten Versicherungsprämien werden ja ebenfalls am Finanzmarkt veranlagt, und damit stellt sich wiederum die Frage, welche Aktivitäten damit finanziert werden. Auch wer eine Lebens- oder Vorsorgeversicherung abschließt, kann heute bereits auf Angebote zurückgreifen, bei denen die Prämien nach ethischen und nachhaltigen Gesichtspunkten wiederveranlagt werden. Das gilt übrigens auch für Pensionsvorsorgekassen[5] sowie Pensionskassen.

3.5.3 Weitere Geldanlageformen und ihre ethische Beurteilung

Spareinlagen, Festgelder, Obligationen und Investmentfonds – diese Formen der Geldanlage werden im deutschsprachigen Raum am meisten nachgefragt. Daneben gibt es jedoch eine Reihe weiterer Geldanlageprodukte, die in der Regel weniger bekannt sind und auch in Hinblick auf ihre ethische Relevanz gesondert zu beurteilen sind. Aufgrund ihrer Vielzahl kann eine umfassende Behandlung an dieser Stelle nicht erfolgen. Deshalb sollen hier nur einige der in jüngerer Zeit am meisten diskutierten Anlageinstrumente vorgestellt werden.

Zertifikate:

Zertifikate erlebten in den letzten Jahren einen starken Boom, mittlerweile hat sich jedoch die Begeisterung dafür wieder gelegt. Der Grund liegt vor allem darin, dass die in sie gesetzten Renditeerwartungen oft nicht erfüllt worden sind. Mit Zertifikaten ist es privaten Investoren möglich, in sonst nur schwer zugänglichen Bereichen des Finanz-, Zins- oder Rohstoffmarktes zu investieren. Rechtlich gesehen sind Zertifikate Schuldverschreibungen, die jedoch keine im Vorhinein fixierte Rendite abwerfen. Investoren haben bei Zertifikaten Anteil am erzielten Gewinn oder eben auch am erlittenen Verlust; beides ist möglich und steht erst am Ende der Laufzeit eines Zertifikats fest. Letztlich handelt es sich dabei um Spekulationen über künftige Preisentwicklungen, und der Totalverlust des eingesetzten Kapitals ist möglich – vor allem dann, wenn der Emittent bzw. „Garantiegeber" eines Zertifikates – in der Regel eine Bank – selbst zahlungsunfähig wird. Das ist nicht sehr wahrscheinlich, aber wie die Pleite des US-Finanzhauses Lehman Brothers im Jahr 2008 zeigt, auch nicht unmöglich. Während es also für Spareinlagen in der Regel eine Einlagensicherung gibt, Investmentfonds als Sondervermögen gelten und bei einer Pleite der Fondsgesellschaft bzw. Bank nicht in die Konkursmasse einfließen, können Zertifikate bei einer Illiquidität der emittierenden bzw. garantierenden Bank gänzlich wertlos werden. Bei der ethischen Beurteilung von Zertifikaten ist zu beachten, dass sie nichts anderes als Wetten auf künftige Preisentwicklungen sind. Wetten sind zwar per se noch nicht ethisch bedenklich, allerdings auch nicht unbedingt förderungswürdig: Sie können durchaus destabilisierende Wirkungen an den Finanzmärkten entfalten, die ihrerseits häufig wieder zu unerwünschten gesellschaftlichen Entwicklungen beitragen. Ethische Geldanlage will ja vor allem Kapitalströme gezielt lenken, um ethisch verantwortliche Wirtschaftsweisen zu fördern. Mit Zertifikaten ist das im Großen und Ganzen nicht möglich.

Hedgefonds:

Ähnlich wie Zertifikate haben in den letzten Jahren auch Hedgefonds an Bekanntheit gewonnen, zumal Anbieter in den USA und in Großbritannien sogar mit sogenannten SRI-Hedgefonds *(Socially Responsbile Investment-Hedgefonds)* um die Gunst ethisch orientierter Investoren buhlen. Hedgefonds stellen hohe Renditen in Aussicht, sind aber ebenso riskant, und der Totalverlust des eingesetzten Kapitals ist möglich. Hedgefonds zielen ausschließlich auf Gewinnmaximierung ab *(absolute return)* und verfolgen keine ethisch motivierte Anlagestrategie. Daran ändert auch die SRI-Vorsilbe nichts: Diese bringt lediglich zum

Ausdruck, dass die Unternehmen, die Gegenstand von Hedgefonds-Aktivitäten sind, als sozial und ökologisch verantwortlich agierende Unternehmen eingestuft werden. Doch Vorsicht! Genau genommen wird damit die Idee ethischen Investments komplett umgedreht: Anstatt ethisch verantwortliche Unternehmen zu fördern, können sie Gegenstand von Hedgefonds-Strategien wie Leerverkäufen werden, bei denen die Kurse von Unternehmen stark unter Druck gesetzt werden. Die ethisch vorbildlichen Unternehmen werden also durch ihre gezielte Auswahl für SRI-Hedgefonds geradezu für ihre ethisch gute Performance „bestraft" anstatt gefördert! Aber auch aufgrund der Tatsache, dass Hedgefonds in Hinblick auf ihre Anlagestrategien kaum einer Kontrolle oder Regulierung unterliegen, äußerst intransparent und zumeist in Steueroasen domiziliert sind, sind sie mit der Idee ethisch orientierter Geldanlage von vornherein inkompatibel.[6]

Derivate:
Derivate sind „abgeleitete" Finanzprodukte, das heißt, sie beziehen sich auf ein Basisprodukt: eine Aktie, einen Zinssatz, eine Währung, einen Rohstoff oder irgendein anderes Handelsobjekt. Derivate sind Rechte, die es ihrem Inhaber ermöglichen, ein Basisprodukt zu einer bestimmten Zeit um einen bestimmten Preis zu kaufen oder zu verkaufen. Ändert sich nun zum Beispiel der Kurswert einer Aktie, ändert sich auch der Preis eines Derivates. Da sich das Recht eines Derivates in der Regel gleich auf mehrere Basisprodukte bezieht, ergibt sich der Effekt, dass die Preisänderung eines Derivates wesentlich stärker ausfällt als die Preisänderung eines Basisprodukts. Damit sind die Gewinn-

chancen aber auch die Verlustrisiken bei Derivaten ungleich größer als bei ihren Basisprodukten.

Derivate wurden ursprünglich erfunden, um Risiken von Preisänderungen abzusichern. Wenn etwa ein europäischer Produzent einem amerikanischen Kunden ein in US-Dollar lautendes Angebot für eine in einem halben Jahr zu erbringende Leistung legt, möchte der europäische Produzent natürlich nicht, dass der US-Dollar zum Zeitpunkt der Bezahlung gegenüber dem Euro weniger wert ist als zum Zeitpunkt der Angebotslegung. Denn in diesem Fall würde er – auf Eurobasis gerechnet – einen Verlust erleiden. Mit einem Derivat – in unserem Beispiel etwa mit einer Option, die das Recht einräumt, zum Lieferzeitpunkt den US-Dollar zu dem zum Angebotszeitpunkt gültigen Wechselkurs umzutauschen – kann sich der Produzent gegen das Risiko eines Währungsverlustes absichern. Diesen wirtschaftlich sehr wichtigen Zweck erfüllen Derivate auch heute noch, allerdings dient ihm mittlerweile nur noch ein sehr geringer Teil der aktuellen Derivativgeschäfte. Der überwiegende Teil – Experten sprechen von über 95 % – dient ausschließlich der Spekulation.[7] Das ist insofern problematisch, weil solche Spekulationen nicht nur destabilisierend auf die Finanzmärkte wirken und Krisen begünstigen können, sondern auch, weil damit die Preise der Basistitel beeinflusst werden. Besonders dramatisch hat sich dies in den letzten Jahren in Form stark steigender Nahrungsmittelpreise als Folge von Derivativspekulationen gezeigt.

Aus ethischer Sicht sind Derivate somit differenziert zu beurteilen. Einerseits erfüllen sie eine wichtige Funktion in der Absicherung gegenüber wirtschaftlichen Risiken, andererseits sind sie Ursache von Destabilisierungen an den Finanzmärkten und Grund für in die Höhe getriebene Preise von lebenswichtigen Gütern. Wo genau die Grenze zwischen Absicherung und Spekulation verläuft, kann eigentlich jeweils nur im Einzelfall geklärt werden. Unbestreitbar ist jedoch, dass Spekulationen, die unbeteiligte Menschen in Mitleidenschaft ziehen, ethisch nicht vertretbar sind.

Mikrokredite:

Auf die Möglichkeit der Veranlagung in Mikrokrediten ist die breitere Öffentlichkeit erst infolge der Verleihung des Friedensnobelpreises 2006 an Muhammad Yunus und seine *Grameen Bank* in Bangladesh aufmerksam geworden. Das Konzept hinter Mikrokrediten ist, Menschen, die keinen Zugang zu Kapital haben, unter dem Motto „Hilfe zur Selbsthilfe" mit Kleinstkrediten eine wirtschaftliche Tätigkeit und damit eine Verbesserung ihrer Lebenssituation zu ermöglichen. Auch Oikocredit, eine internationale ökumenische Mikrokredit-Initiative, verfolgt seit vielen Jahren dieses Konzept. Bei Oikocredit können Investoren Genossenschaftsanteile erwerben (Mindesteinlage Euro 200); mit dem so gesammelten Geld werden Mikrokredite finanziert. Während der Dauer ihres Engagements erhalten die Genossenschafter eine jährliche Dividende, die in den letzten Jahren stets 2 % des veranlagten Kapitals betragen hat. Im Vergleich zu anderen Geldanlageformen ist das nicht viel, vor dem Hintergrund der massiven Verluste im Zuge der Finanzkrise aber nahezu rekordverdächtig.

Seit einigen Jahren werden finanzielle Mittel für Mikrokredite auch über andere Beteiligungsmodelle gesammelt, etwa in Form von Mikrokredit-Investmentfonds oder Mikrokredit-Anleihen, und man kann heute sogar von einem Mikrokredit-Boom sprechen. Wie bei allen guten Ideen, die in relativ kurzer Zeit von vielen Akteuren übernommen werden, ist auch bei den zahlreichen Mikrokredit-Initiativen sehr genau darauf zu achten, wo die Grenze zwischen berechtigten Renditeinteressen der Investoren und Wucherzinssätzen für die Kreditnehmer verläuft. Da unter dem Begriff „Mikrokredite" mittlerweile auch Kreditgeschäfte firmieren, die mit der ursprünglichen „Hilfe zur Selbsthilfe"-Idee nicht mehr viel zu tun haben (etwa die Vergabe reiner Konsumkredite), ist bei einem Investment in Mikrokredite die soziale Förderwirkung genau zu prüfen; es ist also darauf Wert zu legen, dass den Kleinstkreditnehmern wirklich nur seriös geprüfte Produktiv-Kredite für ein aussichtsreiches wirtschaftliches Projekt gewährt werden, das ihnen eine realistische Chance eröffnet, die übernommenen Kreditschulden auch wieder auf zumutbare Weise abzutragen.

Aus einer ethischen Perspektive ist die Idee der Mikrokredite auf jeden Fall zu befürworten, weil diese einen hohen Fördereffekt haben und die Erfahrungen zeigen, dass sich damit die Lebenssituation von wirtschaftlich benachteiligten Menschen vor allem in Entwicklungs- und Schwellenländern stark und nachhaltig verbessern kann. Auch als Beimischung zu anderen Anlagemöglichkeiten haben sich Investments in Mikrokredite in Zeiten fallender Börsenkurse als stabilisierender Faktor erwiesen.

Anmerkungen:

1 Nähere Informationen dazu unter http://www.cric-online.org
2 Diese direkte Form des Ethik-Investments gewinnt jedenfalls v. a. für institutionelle Investoren zunehmend an Bedeutung, da sie entspre-

chendes Know-how ebenso mobilisieren können wie Kapitalgewicht – zumal wenn sie sich mit ähnlich gelagerten Anlegerinteressen organisieren. Das geschieht v. a. mittels ethisch orientierter Engagement-Agenturen, von denen es im deutschen Sprachraum (im Unterschied zum angloamerikanischen Raum) allerdings erst wenige gibt: V. a. der Verein *Corporate Responsibility Interface Center* (CRIC → www.cric-online.org) arbeitet aktuell gemeinsam mit den institutionellen Investoren unter seinen Mitgliedern an der Etablierung entsprechender Engagement-Aktivitäten im deutschsprachigen Raum.

3 Vgl. http://www.iccr.org/issues/

4 Siehe auch den Überblick im Anhang!

5 In Österreich „Abfertigung neu".

6 Neben Hedgefonds sind hier auch *Private-Equity-Fonds* zu nennen, die Bekanntheit dadurch erlangt haben, indem sie mittels Aufnahme hoher Kreditsummen in der Regel gut gehende Unternehmen aufkaufen, diese Kreditschuldenlast dann einfach „über Nacht" auf das gekaufte Unternehmen überwälzen und dieses anschließend unter dem betriebswirtschaftlichen Euphemismus „Restrukturierung" regelrecht plündern, indem sie kurzfristig nicht gewinnbringende Unternehmensteile (z. B. Forschungs- und Entwicklungsabteilungen) abstoßen, hochqualifizierte (und deshalb teurere) Mitarbeiter kündigen bzw. die Produktion überhaupt in Billiglohnländer verlagern – und damit letztlich einen gesamtwirtschaftlichen Schaden stiften. Das Wort von der finanzwirtschaftlichen „Heuschreckenplage" findet v. a. in derlei Aktivitäten seine Begründung. In vielerlei Hinsicht sind Privat-Equity-Fonds den Hedgefonds ähnlich, auch wenn sie unterschiedliche Schwerpunktsetzungen haben. Mitunter sind sie auch gar nicht klar voneinander zu unterscheiden. NB: Der Begriff „Private Equity" kann allerdings auch privates Risikokapital für ökologisch und sozial wertvolle Projekte, Unternehmen und Innovationen (zum Beispiel Beteiligungskapital für Windparks oder soziale Einrichtungen) bezeichnen. Auf diese Differenzierung ist zu achten!

7 Laut der *Bank für Internationalen Zahlungsausgleich* betrug der Umsatz an den internationalen Derivativmärkten im Jahr 2008 2.000 Billionen US-Dollar. Zum Vergleich: Das Welt-Bruttoinlandsprodukt, also die Summe aller global produzierten Waren und Dienstleistungen, betrug im selben Zeitraum lediglich rund 60 Billionen US-Dollar.

4. Kapitel

Ethisches Investment konkret: Leitlinien für die Praxis

4.1 Ethik – zusätzliches Etappenziel oder Generalkompass?

Bei einer Geldanlage werden in der Regel drei Ziele verfolgt: Erstens will man, dass das Geld sicher angelegt und das Risiko eines Substanzverlustes möglichst gering ist. Zweitens soll das Geld zu einem bestimmten Zeitpunkt wieder verfügbar, d. h. die Geldanlage innerhalb einer bestimmten Zeit liquidierbar sein. Und drittens – last but not least – soll dabei noch ein Ertrag bzw. eine Rendite herausschauen. Diese drei Anforderungen an eine Geldanlage werden als „Magisches Dreieck" bezeichnet, weil sie miteinander in Beziehung stehen und einander beeinflussen (Abb. 1):

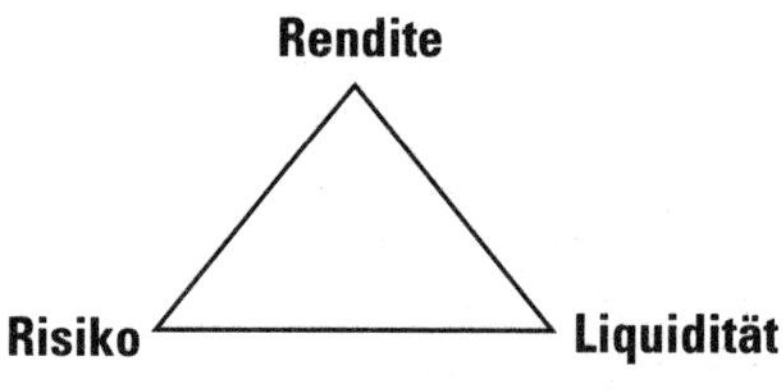

Abb. 1: Rein ökonomische Funktionslogik („Magisches Dreieck")

Die Bezeichnung „magisch" kann suggerieren, es handle sich dabei um etwas Übernatürliches oder Geheimnisvolles. Dem ist aber keineswegs so. Die Beziehung der drei Ziele ist relativ einfach zu erklären: Will man mehr Rendite erwirtschaften, bedeutet das, dass man entweder eine längere Anlagedauer akzeptieren und damit den Liquiditätsanspruch reduzieren oder ein höheres Risiko eingehen muss. Will jemand dagegen sein Geld weitgehend risikofrei anlegen und möglichst immer darauf zugreifen können, geht das in der Regel zu Lasten der Rendite.

Dieses Magische Dreieck bildet – für sich betrachtet – die Praxis der Geldanlage sehr gut ab, allerdings bleiben ethische Gesichtspunkte bzw. Aspekte der Nachhaltigkeit dabei unberücksichtigt. Man könnte deshalb das Magische Dreieck zu einem „Magischen Viereck" erweitern, in dessen Rahmen nicht mehr nur die drei Ziele Rendite, Sicherheit und Liquidität miteinander in Beziehung gebracht und verfolgt werden, sondern als viertes Ziel noch die Ethik hinzukommt (Abb. 2):

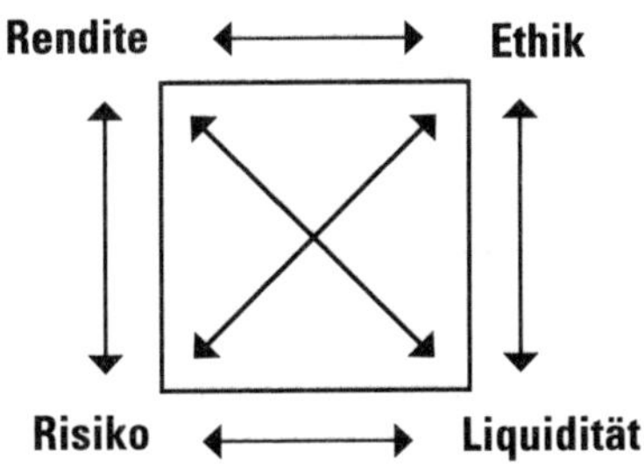

Abb. 2: Relative Einbeziehung der Ethik in die ökonomische Funktionslogik („Magisches Viereck")

Das bedeutet zum Beispiel, dass Renditeansprüche nicht mehr nur gegen Risiko- und Liquiditätsaspekte abgewogen, sondern auch einer ethischen Beurteilung unterzogen werden. Das Problem bei diesem Konzept ist jedoch, dass die vier Ansprüche Rendite, Sicherheit, Liquidität und Ethik nicht nur in einer Beziehung, sondern häufig auch in einem Konkurrenzverhältnis zueinander stehen. Eine gute Rendite kann etwa in einem unvereinbaren Widerspruch mit ethischer Verantwortung stehen, und in der Praxis zeigt sich dann leider oft, dass ethische Verantwortung zwar erkannt, aber letztlich doch dem Renditeinteresse hintangestellt wird. Anleger – zumal wenn sie fremdes Vermögen verwalten – rechtfertigen das dann oft so: „Geld auf diese Weise zu investieren, ist zwar ethisch bedenklich, aber ich bin gegenüber meinem Auftraggeber/meiner Organisation/meinen Kunden auch für eine möglichst hohe Rendite verantwortlich. Wenn ich nicht die maximale Rendite anstrebe, verhalte ich mich ökonomisch unverantwortlich." Aufgrund dieser Argumentation kommt im Magischen Viereck der Ethik zumeist nur eine nachrangige Bedeutung zu, und es scheint sich einmal mehr Bert Brechts Diktum zu bewahrheiten, wonach „zuerst das Fressen und dann erst die Moral" komme. Tatsächlich muss aber die Frage gestellt werden, mit welcher Begründung finanziellen Interessen eine Priorität gegenüber ethischen Erfordernissen zukommen soll.

Ethische Ansprüche gegenüber rein finanziellen Interessenslagen durchzuhalten, bleibt gerade vor dem Hintergrund weltweiter sozialer Missstände und ökologischer Zukunftsgefährdung eine zentrale Herausforderung. Eine Möglichkeit dazu bietet sich, wenn das Magische Dreieck in seiner ökonomischen Funktionslogik belassen und diese insgesamt einer ethischen Überprüfung unterzogen wird (Abb. 3):

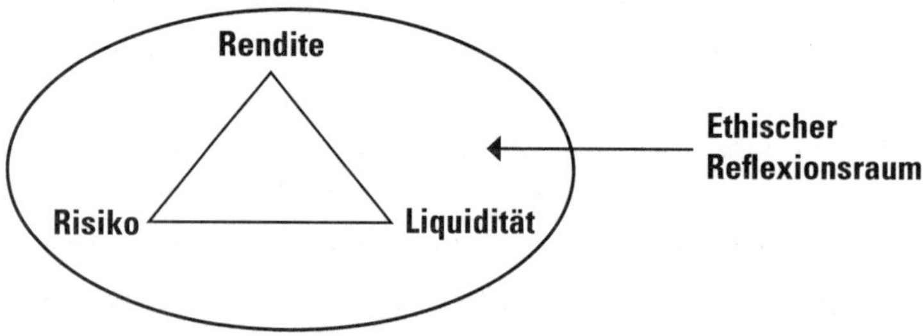

Abb. 3: Ganzheitliche Einbettung der ökonomischen Funktionslogik in ethische Reflexion

Ethik steht in diesem Konzept nicht mehr in einem direkten Konkurrenzverhältnis zu rein ökonomischen Interessen, sondern fragt, ob die ökonomische Binnenlogik in einem konkreten Fall überhaupt ethisch vertretbar ist: Sind also Gewinne aus Finanzaktivitäten zu rechtfertigen, wenn dabei zentrale ethische Anforderungen unberücksichtigt bleiben? Anders formuliert: Ist ein Gewinn, der daraus resultiert, dass Menschen ausgebeutet und die Umwelt zerstört werden, überhaupt zulässig?

Nicht erst seit klar ist, dass eine wesentliche Ursache der jüngsten Finanzkrise in der bewussten Ausklammerung moralischer Prinzipien wurzelt, wird die Rückbindung ökonomischen Handelns an Bedürfnisse und Ziele des Humanums bzw. der Nachhaltigkeit reklamiert. Es geht darum, die Wirtschaft – und damit auch die Finanzwirtschaft – nicht länger als einen Sonderbereich zu begreifen, der für sich zu funktionieren und sonst keine sozialen oder ökologischen Verpflichtungen zu erfüllen hat. Denn ökonomische Effizienz darauf zu reduzieren, mit möglichst geringen Kosten möglichst viel Gewinn zu erzielen, ist ethisch unzulässig. Der Maßstab jeglicher wirtschaftlichen Effizienz ist vielmehr das Gelingen gesellschaftlichen und globalen Zusammenlebens. Ökonomische Renditen dürfen deshalb nicht auf Kosten von Gesellschaft und Umwelt erwirtschaftet werden.

Diese Erkenntnis ist für die Praxis der ethischen Geldanlage leitend. Natürlich muss Geldanlage eine Rendite abwerfen. Es wäre genauso unverantwortlich gegenüber gegenwärtigen oder künftigen Generationen, finanzielle Verluste und damit Schulden anzuhäufen. Aber Gewinnerwirtschaftung darf nie „um jeden Preis", sondern muss immer auf Basis ethischer Kriterien erfolgen. Bei der Geldanlage ist deshalb ebenso darauf zu achten, dass zentrale ethische Erfordernisse berücksichtigt werden. Wie aber kann eine in diesem Sinn ethische Geldanlage konkret umgesetzt werden?

4.2 Verzweigungen auf dem Weg

4.2.1 „Ethisch" oder „nachhaltig"?

Ethik ist kein markenrechtlich definierter Begriff, und das erschwert gleich am Beginn einer Auseinandersetzung mit ethischer Geldanlage die Orientierung. Neben „ethisch" finden sich Begriffe wie „nachhaltige", „sozial verantwortliche" oder „ethisch-ökologische" Geldanlage. Zwar werden Versuche unternommen, bestimmte Aspekte und Besonderheiten der einen oder anderen Bezeichnung hervorzuheben und zu standardisieren, in der Praxis zeigt sich jedoch, dass die Trennschärfe zwischen den verschiedenen begrifflichen Zuschreibungen eher abnimmt: Als „ethisch" bezeichnete Geldanlagen etwa beinhalten häufig auch Kriterien einer ansonsten typisch ökologisch-nachhaltigen Ausrichtung – und umgekehrt. Denn ethisch verantwortliches Handeln ist letztlich immer auch nachhaltig. Eine Entwicklung gilt ja dann als nachhaltig, wenn sie unter Berücksichtigung ökologischer, sozialer und ökonomischer Dimensionen gewährleistet, dass die Menschen heute ihre Bedürfnisse auf eine Art und Weise befriedigen, die es auch künftigen Generationen erlaubt, mit demselben Anspruchsniveau zu leben. Dieser Anspruch einer Gerechtigkeit zwischen und innerhalb der Generationen ist letztlich auch Ausdruck ethisch verantwortlichen Handelns. Bedeutsamer als die jeweilige Bezeichnung einer Geldanlage ist insofern immer ihre konkrete Ausgestaltung und die Frage, welche ethisch relevanten Inhalte damit berührt werden. Für die Praxis ist deshalb eine kritische und differenzierte Auseinandersetzung mit den konkreten ethischen Anlagekonzepten und -produkten unabdingbar.

Die dabei als mögliche Richtschnur dienende *Darmstädter Definition nachhaltiger Geldanlagen*[1] zeigt jedenfalls deutlich, dass ethisch und nachhaltig verantwortliches Handeln sehr umfassend zu interpretieren ist. Ethische und nachhaltige Geldanlagen streben nach dieser Definition die Erwirtschaftung einer Rendite an, die auf der Basis ökologisch, sozial und kulturell verträglicher Produkte, Produktionsverfahren und Wirtschaftsweisen erzielt wird, und verfolgen außerdem die Absicht, Veränderungen in Richtung einer nachhaltigen Entwicklung zu bewirken. Was bedeutet das konkret?

Aus **ökonomischer Sicht** erfordern nachhaltige Geldanlagen, dass

- Renditen auf Basis langfristiger Produktions- und Investitionsstrategien und nicht im Sinn kurzfristiger Gewinnmaximierung erwirtschaftet werden,
- Erträge aus Finanzanlagen in vertretbarer Relation zu den Erträgen aus realer Wertschöpfung stehen,
- die Erfüllung elementarer Bedürfnisse (z. B. Trinkwasserversorgung) nicht gefährdet wird und
- Gewinne nicht auf kontroversen Geschäftspraktiken (z. B. Korruption oder Bilanzfälschung) beruhen.

Aus **ökologischer Sicht** erfordern nachhaltige Geldanlagen, dass die Gewinnerzielung beruht auf

- einer Steigerung der Ressourcenproduktivität,
- Investitionen in erneuerbare Ressourcen,
- der Wiedergewinnung und Wiederverwendung gebrauchter Stoffe und
- der Erhaltung lokaler und globaler Ökosysteme (z. B. Regenwälder und Meere).

Aus **sozialer und kultureller Sicht** erfordern nachhaltige Geldanlagen, dass die Gewinnerzielung im Einklang steht mit der

- Entwicklung des Humankapitals (Verantwortung für Arbeitsplätze, Aus- und Weiterbildung, Förderung selbstverantwortlichen Arbeitens, Vereinbarkeit von Beruf und Familie, Respekt vor der Verschiedenheit der Einzelnen),
- Entwicklung des Sozialkapitals (Schaffung von Erwerbschancen, Geschlechtergerechtigkeit, Ausgewogenheit zwischen den Generationen, diskriminierungsfreier Umgang mit Minderheiten, Funktionsfähigkeit der Regionen, Förderung zivilgesellschaftlichen Handelns),
- Entwicklung des Kulturkapitals (Respekt vor kultureller Vielfalt unter Wahrung persönlicher Freiheitsrechte und gesellschaftlicher Integrität, Mobilisierung der Potenziale kultureller Vielfalt).

Diese Definition nachhaltiger Geldanlagen geht davon aus, dass eine zukunftsfähige Entwicklung vor allem durch die Anwendung des „Best-in-Class-Prinzips" zu realisieren ist. Dabei werden solche Anlageobjekte bevorzugt, welche die genannten Ethik- bzw. Nachhaltigkeitskriterien am besten erfüllen. Dadurch soll ein „ethischer Wettbewerb" initiiert werden, der zu mehr Umwelt-, Sozial- und Kulturverträglichkeit führt. Zugleich bringt diese Definition zum Ausdruck, dass sich die mit der Geldanlage einhergehende ethische Verantwortung nicht im Vermeiden einiger Negativkriterien erschöpft, sondern einen aktiven Beitrag zur Mitgestaltung wirtschaftlicher Prozesse erfordert. Ethisch Handeln bedeutet aktive Weltgestaltung.

4.2.2 Welche Ethik?

Ethik ist weder markenrechtlich noch inhaltlich definiert. Sie hat immer auch mit individuellen, persönlichen Wertmaßstäben zu tun. Deshalb ist es unumgänglich, sich am Beginn der Auseinandersetzung mit verschiedenen ethischen Geldanlagemöglichkeiten zuerst ein klares Bild der eigenen ethischen Wertvorstellungen zu machen: Was will ich mit meiner Geldanlage bewirken? Was möchte ich fördern, was gezielt vermeiden? Welche konkreten ethischen Aspekte und Kriterien sind für meine Geldanlage bedeutsamer als andere? Auf jeden Fall ist es hilfreich, sich hier konkrete Antworten zu geben und eventuell eine Liste mit zentralen persönlichen Werten zu erstellen. Eine solche Liste ist eine gute Grundlage für ein Beratungsgespräch und für die Auswahl geeigneter Anlageprodukte.

Gerade im Bereich der ethischen Geldanlage wird man aber immer wieder auf das Problem stoßen, dass konkrete Anlagemöglichkeiten nicht eins zu eins den je eigenen ethischen Ansprüchen entsprechen. Hier ist es wichtig, sich daran zu erinnern, dass ethisches Handeln immer auch mit Kompromissen zu tun hat und ein Kompromiss per se nichts ethisch Verwerfliches ist, sondern einen Schritt in die richtige Richtung darstellen und besser sein kann als dogmatisches Verharren in der Ausgangsposition. Allzu strenge und umfangreiche Kriterienkataloge können ja dazu führen, überhaupt keine geeigneten Anlageprodukte zu finden und deshalb das persönliche ethische Handlungspotenzial im Bereich der Finanzmärkte nicht ausschöpfen zu können. Kompromisse bedeuten dagegen ja nicht einfach die generelle Aufgabe eigener ethischer Positionen, sondern die schrittweise Annäherung an sie im Rahmen realer Möglichkeiten. Ethisch verantwortliches Handeln beschränkt sich nicht auf eine Wahl zwischen Gut und Böse, Gerecht und Ungerecht, sondern zwischen Besser und Schlechter, Gerechter und Ungerechter.

4.2.3 Rendite- und Risikomerkmale

Die Auswahl eines ethischen Geldanlageproduktes erfordert genauso wie jede andere Geldanlage die Klärung wichtiger ökonomischer Fragen, denn ethische Geldanlagen weisen genauso wie konventionelle Anlageformen bestimmte Rendite-, Liquiditäts- und Risikomerkmale auf. Deshalb ist es auch hier nötig, eigene Liquiditätserfordernisse, Renditeerwartungen sowie die jeweilige Risikobereitschaft festzulegen. Auch bei ethischen Geldanlagen gilt: je höher die Renditeerwartung, desto höher das Risiko; den sogenannten *free lunch* oder das klassische „Schnäppchen" gibt es nicht. Ethik ist also noch kein Garant dafür, dass Geld auch sicher angelegt ist, und auch bei ethisch sehr hochwertigen Projekten kann es passieren, dass veranlagtes

Geld auf immer verloren geht. Ethische Geldanlagen sind also nicht automatisch sicherer oder weniger riskant. Die ökonomischen Risiken bei ethischen Geldanlagen sind vielmehr ebenso zu berücksichtigen wie bei konventionellen, und das „Magische Dreieck" hat hier genauso Relevanz. Die Ethik reflektiert dieses Dreieck aber noch einmal fundamental in Hinblick auf soziale und ökologische Fragen und trägt so dazu bei, dass Erträge nicht zu Lasten von Mensch und Umwelt erzielt werden.

Um das Anlagerisiko zu reduzieren, ist es deshalb auch für einen ethisch orientierten Investor sinnvoll, seine Anlagen möglichst breit zu streuen bzw. zu „diversifizieren", wie es im Fachjargon heißt. Gerade die Krisenerfahrungen der jüngeren Vergangenheit haben eindrücklich gezeigt, dass die Abwägung finanzieller Risiken bei Finanzprodukten insgesamt dermaßen komplex ist, dass selbst Experten nicht in der Lage sind, Risiko tatsächlich zu berechnen oder treffsicher einzuschätzen. Für die Praxis der Geldanlage – auch der ethischen Geldanlage! – bedeutet das, dass man hohen Renditeversprechen gegenüber von vornherein skeptisch sein muss, weil sich dahinter immer ein entsprechend großes Risiko verbirgt. Hohe finanzielle Renditen und hohe soziale oder ökologische Verantwortlichkeit schließen einander nicht unbedingt aus, aber mit an Sicherheit grenzender Wahrscheinlichkeit sind sie mit hohen Risiken verbunden. Bei einer Geldanlage ein hohes Risiko einzugehen, kann in bestimmten Fällen durchaus berechtigt sein, sofern man sich der möglichen Konsequenzen bewusst ist und den Verlust des eingesetzten Kapitals als realistisches Szenario einplanen und verkraften kann. Auf jeden Fall aber sind Renditen abzulehnen, die zu Lasten von Gesellschaft oder Umwelt erzielt werden.

In Bezug auf die im Magischen Dreieck „Rendite-Risiko-Liquidität" zu klärenden Fragen geht es außerdem um Lebensplanung bzw. um die Zweckbindung der angelegten Finanzmittel. Wann und wofür wird das angelegte Geld wieder benötigt? Welchen Zweck soll es in der Zwischenzeit erfüllen? Diese Fragen müssen auf jeden Fall Gegenstand einer guten Anlageberatung sein und im individuellen Rendite- und Risikoprofil ihren Ausdruck finden. Investoren sollten sich dabei aber stets bewusst sein, dass es „Eier legende Wollmilchsäue" nicht gibt: Eine absolut sichere und jederzeit liquidierbare Geldanlage mit zweistelliger Rendite ist unrealistisch, und diesbezügliche Angebote erweisen sich in der Regel als unseriös, wenn nicht gar kriminell. (Man denke etwa an den Betrugsfall des US-amerikanischen Finanzgurus Bernard Madoff, der mit solchen Versprechungen einen Schaden von ca. 50 Mrd. US-Dollar angerichtet hat.) Davon abgesehen bleibt bei ethischen Geldanlagen ohnehin der Vorrang der Ethik gegenüber finanziellen Erwägungen bestehen. Denn erst unter Beachtung fundamentaler ethischer Ansprüche ist Renditeerwirtschaftung überhaupt vertretbar.

4.3 Tourenplanung: Tipps für ein ethisch orientiertes Beratungsgespräch

4.3.1 Das Fundament: Ethik vor Rendite

Geld ethisch anzulegen bedeutet also, dass man sich zusätzlich zu den üblichen Rendite-Risiko-Liquiditäts-Überlegungen über die sozialen und ökologischen Auswirkungen der Geldanlage informieren muss. Beides ist wichtig und darf nicht gegeneinander ausgespielt werden. Im Zweifelsfall müssen aber zentrale ethische Prinzipien Vorrang gegenüber finanziellen Gewinninteressen haben. Denn auch eine noch so hohe Rendite kann nicht rechtfertigen, dass dafür Menschen ausgebeutet oder massive ökologische Schäden verursacht werden. Würde dieser Vorrang der Ethik nicht gelten, hätte die Ethik genau genommen überhaupt keine Daseinsberechtigung. Denn eine Ethik, die nur dann gilt, wenn nicht auf Rendite verzichtet werden muss, ist gar keine Ethik, sondern bestenfalls ein dekoratives „Sahnehäubchen". Ziel der ethischen Geldanlage muss vielmehr stets sein, Renditedenken und ethische Verantwortung miteinander zu verbinden. Beides soll möglich sein, aber der Ethik ist im Zweifelsfall der Vorrang einzuräumen. Diese Überlegungen gilt es grundsätzlich zu berücksichtigen, bevor man in ein ethisch orientiertes Beratungsgespräch geht.

4.3.2 Die Vorbereitung: Information

Wer bis hierher „durchgehalten" hat, hat sich bereits grundlegendes Wissen über ethisches Handeln ganz allgemein und über ethische Geldanlagen im Speziellen angeeignet. Darüber hinaus gibt es zahlreiche Möglichkeiten, sich über konkrete ethische Geldanlagen zu informieren. Einerseits wurde in den letzten Jahren sehr viel zu diesem Thema veröffentlicht. Eine Auswahl von einschlägigen Büchern und sonstigen Publikationen der letzten Jahre findet sich im Anhang. Andererseits bietet das Internet eine Vielfalt besonders aktueller Informationen. Ebenfalls im Anhang sind deshalb einige wichtige Adressen aufgelistet.

Drei Webseiten sind an dieser Stelle besonders zu erwähnen: Sehr grundlegend behandelt die *Katholische Sozialakademie Österreichs* (ksoe) das Thema Geld und Ethik auf der Webseite www.geldundethik.org. Neben allgemeinen Informationen über ethisch verantwortliches Handeln bei der Geldanlage sowie Hinweisen über die ethischen Steuerungsmöglichkeiten verschiedener Geldanlagetypen werden hier auch Lehrgänge für Kompetenzentwicklung im Umgang mit Fragen des ethischen Investments angeboten. Auf der Webseite des *Corporate Responsibility Interface Center* (CRIC) www.cric-online.org finden sich Informationen zu den Aktivitäten und Grundsätzen der im deutschen Sprachraum größten Plattform für ethisch und nachhaltig orientierte Investoren. CRIC bietet Vernetzung und Unterstützung sowohl für Privatpersonen als auch für institutionelle Investoren. Und auf der Webseite www.nachhaltiges-investment.de des *Sustainable Business Institute* kann man mithilfe einer Datenbank Investmentfonds nach bestimmten Kriterien suchen und Hintergründe dazu recherchieren. Viele der im Anhang angeführten Webseiten bieten auch kostenlose Newsletter an, die über aktuelle Entwicklungen, Veranstaltungen und neue Publikationen berichten.

4.3.3 Die Realität: Beratung

Neben Fachliteratur und Informationsforen ist ein Beratungsgespräch in einer Bank oder bei einem Vermögensberater für die meisten ethisch orientierten Investoren vermutlich unumgänglich in der Realisierung Ihrer Veranlagungen. Eines aber gleich vorweg: Leider sind nicht jede Bank und nicht jeder Vermögensberater wirklich daran interessiert, Kunden, die „lediglich" einige Tausend Euro anlegen wollen, ausführlich und v. a. mit ethischer Kompetenz zu beraten. Denn Beratung kostet Zeit und Zeit bekanntlich Geld. Das gilt für ethisch kompetente Beratung in noch höherem Maß.

Für manche Banken beginnt eine individuelle und ausführliche Beratung deshalb erst ab einem 6-stelligen Betrag. Und wer sich bei seiner Hausbank „um die Ecke" bereits einmal über ethische Geldanlagen informieren wollte, hat vermutlich feststellen müssen, dass es zudem kaum Bankmitarbeiter gibt, die hierzu überhaupt Auskunft geben können. Das liegt erstens daran, dass für viele Banken das Thema Ethik-Investment (noch) keine Bedeutung hat. Es stellt für sie eine wenig einträgliche, weil noch selten nachgefragte und sicher auch kostspielige Nische dar, für die es sich nicht lohnt, einschlägige Beratungskompetenz aufzubauen. Zudem ist es so, dass die qualifizierte Auseinandersetzung mit ethischen Fragestellungen schlichtweg nicht zum klassischen Aufgaben- und Ausbildungsrepertoire von Bank- und Vermögensberatern gehört. Von da her ist klar, dass sich Berater lieber auf dem ihnen vertrauten Terrain konventioneller Geldanlageformen bewegen und sich ungern dabei ertappen lassen, im Bereich des Ethik-Investments inkompetent zu sein. Sie versuchen dann häufiger den für sie einfacheren Weg und tun ethische Geldanlagen entweder als „Augenauswischerei" oder als zu wenig ertragreich ab, um damit das Thema beenden zu können.

Abgesehen von einigen wenigen auf Ethik und Nachhaltigkeit spezialisierten Banken und Vermögensberatern, die über engagierte und eigens dafür qualifizierte Mitarbeiter verfügen und eine entsprechend kompetente Beratung anbieten, ist für die Mehrzahl der Beratungssituationen festzuhalten, dass man Informationen zu ethischen Geldanlagen bestenfalls dann erhält, wenn man sehr hartnäckig danach fragt. Aber bereits das Nachfragen an sich ist Teil ethisch verantwortlichen Handelns, weil damit signalisiert wird, dass Ethik in der Geldanlage nachgefragt und gewünscht wird und Bereitschaft besteht, in diesem Sinn zu investieren. Je mehr Menschen sich über ethische Geldanlagen informieren, umso mehr rückt ethische Geldanlage in das Marktbewusstsein von Finanzdienstleistern. Damit steigt auch deren Bereitschaft, sich inhaltlich mit diesem Bereich auseinanderzusetzen und dafür zu qualifizieren, was wiederum die Beratungsqualität verbessern kann und Berater vielleicht sogar dazu veranlasst, von sich aus Kunden auf die Möglichkeiten ethischen Investments anzusprechen.

Bei einem Beratungsgespräch sollte in jedem Fall darauf beharrt werden, verschiedene Angebote zu ethischen Geldanlagen vorgelegt zu bekommen. Noch zielführender ist es, konkrete ethische Geldanlagemöglichkeiten bereits zu einem Beratungsgespräch mitzubringen und darüber zu diskutieren. Von negativen Reaktionen nach dem Motto „Das bringt doch nichts!" sollte man sich auf keinen Fall irritieren lassen. Denn dass ethische Geldanlagen „unrentabel" oder „Augenauswischerei" sind bzw. ohnehin keine Wirkung entfalten, weil noch nicht genügend Menschen ethisch investieren (was eigentlich erst recht ein guter Grund wäre, sein Geld ethisch anzulegen), gehört längst ins Reich der Vorurteile und Märchen. Zahlreiche wissenschaftliche Studien belegen das Gegenteil. Woher kommt es bloß, dass viele – v. a. Bank- und Anlageberater – davon noch nichts wissen?

Wer nur ein bisschen im Internet recherchiert, stößt schnell auf Institutionen und Personen, die sich schwerpunktmäßig mit ethischen und nachhaltigen Geldanlagen auseinandersetzen. Hier gibt es meist auch Informationsmaterial und sogar die Möglichkeit zu persönlichen Beratungsgesprächen. Die Palette ethischer Geldanlageformen ist jedenfalls breit gestreut und reicht von Sparbuch oder Festgeld über Investmentfonds und Mikrofinanzierungen bis hin zu Direktbeteiligungen.

In allen Fällen ist es freilich wichtig, die eigenen Erwartungen in einem realistischen Maß zu halten. Vermutlich wird man bei jedem ethischen Geldanlageprodukt das eine oder andere Detail finden, mit dem man nicht zu 100 % einverstanden ist. Aber wie bereits mehrfach festgehalten wurde, erfolgt ethisch verantwortliches Handeln im Normalfall nicht in der Wahl zwischen 100 % richtig und 100 % falsch, sondern in der Spannung zwischen einem „Besser" oder „Schlechter", zwischen einem „Mehr" oder „Weniger" an ethisch verantwortlichem Handeln. Die Dinge schrittweise zu verändern, ist auf alle Fälle besser, als im Status quo zu verharren.

4.4 Ethische Geldanlageprodukte: Qualitätsansprüche an die Ausrüstung

Obwohl ethisches Investment nach wie vor noch keine breite Massenbewegung darstellt, ist die differenzierte Vielfalt an einschlägigen Produkten und Möglichkeiten beeindruckend. Das macht die Auswahl schwierig, und manchmal macht sich dabei das Gefühl breit, dass mit zunehmendem Wissensstand über die jeweiligen Anlageprodukte sich auch die Komplexität der sich dahinter befindlichen Strategien, Kriterien und Prozesse ständig erhöht. Hier einfache Lösungen anzubieten, ist nicht möglich, aber es gibt einige Hilfestellungen, um die ethische Qualität von Angeboten kritisch prüfen zu können.

4.4.1 Das Grunderfordernis: Transparenz

Ein zentrales Qualitätsmerkmal – nicht nur bei ethischen Anlageprodukten – ist Transparenz. Gemeint ist damit, wie ausführlich und verständlich das betreffende Anlageprodukt beschrieben ist bzw. wie sehr die Anbieter dieser Produkte bereit und in der Lage sind, auf Fragen einzugehen und Informationen zu liefern. Eine Situation verstehen und analysieren zu können, ist eine grundlegende Voraussetzung für verantwortliches Handeln überhaupt. Das gilt auch für die Geldanlage. Ganz allgemein ist bei Geldanlageprodukten, die man nicht versteht, höchste Vorsicht geboten. Diese Erkenntnis verdankt sich nicht zuletzt auch der aktuellen Finanzkrise, in deren Verlauf sich zeigte, dass selbst viele Bankmanager und Finanzexperten Anlageprodukte, in die sie investiert hatten, überhaupt nicht durchschaut haben und so auch deren Risiken nicht erkennen, geschweige denn einschätzen konnten. Ihr Vertrauen in bestimmte Produkte war oft nicht gerechtfertigt, und viele Verluste an den Finanzmärkten sind auf mangelhafte Produkttransparenz zurückzuführen.

Bei ethischen Geldanlageprodukten kommt noch hinzu, dass sich Transparenzerfordernisse auch auf die Frage beziehen, wie der Anspruch ethischer Qualität eingelöst wird. Wie erkennt man, ob ethische Geldanlagen tatsächlich ethisch und nachhaltig oder bloß mit einem ethischen bzw. grünen „Etikett" versehen sind? Transparenz in Bezug auf die ethische Qualität von Geldanlageprodukten bedeutet, dass über Wertvorstellungen, Kriterien und Methoden einerseits und über Qualitätssicherungs- und Qualitätsprüfungsmaßnahmen andererseits offen Auskunft gegeben wird. Dabei geht es letztlich darum, den Investoren ein eigenständiges Urteil darüber zu ermöglichen, inwieweit ein Geldanlageprodukt mit den eigenen ethischen Wertvorstellungen übereinstimmt.

Dazu ist offene Information darüber erforderlich, welche ethischen Prinzipien und Überzeugungen für das jeweilige Anlageprodukt leitend sind bzw. welche Wirtschaftsweisen damit gefördert werden sollen: Was soll damit bewirkt werden? Wie werden die dafür zentralen Begriffe – Ethik, Nachhaltigkeit, Gerechtigkeit ... – definiert, bzw. was wird konkret darunter verstanden? Welches Menschenbild und Naturverständnis steht hinter diesen Produkten? – Daraus erst leiten sich die nächsten Fragen ab: Wie werden diese Absichten und Ziele umgesetzt? Welche Negativ- und Positivkriterien kommen dabei zum Einsatz? Was wird konkret abgelehnt und was gefördert?

Eine genaue Beschreibung der ethischen Kriterien einer Geldanlage ist jedenfalls unverzichtbar. Aber der ausführlichste Kriterienkatalog nützt nichts, wenn die Methoden zu seiner Umsetzung ungenügend bzw. ungeeignet sind. Die Anwendung differenzierter Kriterien setzt voraus, dass man sie operationalisieren, also praktisch anwendbar machen kann. So ist es etwa erforderlich, Unternehmen, wirtschaftliche Prozesse und

Produkte nach diesen Kriterien zu überprüfen, was angesichts nicht immer transparenter und häufig komplexer wirtschaftlicher Abläufe und Strukturen eine gewaltige Herausforderung darstellt. Transparenz zu schaffen in Bezug auf die Methoden zur Umsetzung von Wertvorstellungen und Kriterien im Rahmen einer ethischen Geldanlage bedeutet somit aufzuzeigen, wie der Investitionsprozess inhaltlich, organisatorisch und technisch erfolgt. Der Investor soll damit prinzipiell in der Lage sein, die Grundlagen und Abläufe zu verstehen, die hinter einem ethischen Geldanlageprodukt stehen.

Zumindest für ethische und nachhaltige Investmentfonds gibt es dazu mit den Transparenzrichtlinien und dem Gütesiegel von EUROSIF ein wichtiges Qualitätsmerkmal. EUROSIF ist der europäische Dachverband verschiedener Akteure, Verbände und Foren für ethische und nachhaltige Geldanlagen (sogenannter *Sustainable Investment Foren* – SIF) und hat Richtlinien entwickelt, die zu einer Erhöhung der Transparenz bei Investmentfonds führen sollen. Auf Basis eines standardisierten Fragebogens geben Fondsgesellschaften dabei Auskunft zu wichtigen Fragen, etwa über Kriterien und Methoden bei der Auswahl der in den Fonds enthaltenen Anlagetitel. Für Investoren kann dies bereits eine wichtige Orientierungshilfe darstellen.

4.4.2 Qualitätssicherung und -kontrolle

In der Alltagspraxis zeigt sich freilich, dass eine wirklich tiefgreifende Auseinandersetzung mit ethischen Geldanlageformen nur für sehr wenige Investoren eine realistische Option darstellt.

Ein Hauptproblem stellt dabei die Heterogenität der verschiedenen Ansätze und Vorstellungen ethischer Geldanlage dar. Das bedeutet, dass die unterschiedlichen Möglichkeiten und Zugänge ethischer Geldanlage schwer miteinander vergleichbar sind, wenn man sich nicht sehr intensiv mit ihnen beschäftigt. Deshalb fällt den Qualitätssicherungs- und -prüfungsmaßnahmen bei ethischen Geldanlagen eine wichtige Rolle zu. Neben den genannten EUROSIF-Transparenzrichtlinien sind hier sogenannte Ethik- bzw. Anlagebeiräte zu nennen. Darunter versteht man Personenkomitees, die über eine besondere Expertise zu bestimmten gesellschaftlichen oder ökologischen Themenbereichen verfügen und diese Expertise bei der Gestaltung und Umsetzung ethischer Geldanlageprodukte einbringen. Sie können auch dazu beitragen, die Kriterien und Methoden ethischer Geldanlagen kritisch zu evaluieren und so laufend Verbesserungen der sozialen und ökologischen Wirkung initiieren. Für Investoren kann die Beteiligung von Ethik- und Anlagebeiräten eine Entlastung bedeuten, sofern diese fachliche Kompetenz und persönliche Integrität vereinen.

In diesem Zusammenhang wird auch über eine Zertifizierung bzw. ein Gütesiegel für ethische Geldanlageprodukte diskutiert, wie dies etwa bei Biolebensmitteln oder Fair-Trade-Produkten schon der Fall ist. Die Diskussion über solche Gütesiegel ist in vielen Ländern lebhaft im Gang, aber bis jetzt gibt es noch kaum konkrete Ergebnisse. Das Hauptproblem besteht darin, dass eine einheitliche Verständigung darüber, was Ethik oder Nachhaltigkeit im Kontext der Geldanlage ganz konkret bedeutet, kaum gelingt. Denn wie schon andernorts erwähnt: Es gibt weder formal noch inhaltlich einheitliche Definitionen von Ethik.

Ethik hat viel mit persönlichen Wertvorstellungen zu tun, die nie auf alle Menschen gleichermaßen zutreffen.

Eines der ganz wenigen Beispiele für ein Gütesiegel für nachhaltige Fonds ist das österreichische Umweltzeichen (UZ) 49 für „Grüne Fonds".[2] Das Umweltzeichen ist eine Nachhaltigkeits-Zertifizierung für Investment-Produkte ebenso wie für Tourismuseinrichtungen, Schulen oder Bildungseinrichtungen. In Bezug auf Investmentfonds wird geprüft, ob zentrale Nachhaltigkeitskriterien eingehalten werden und ob die Methoden der Einzeltitelselektion bestimmten Qualitätsstandards entsprechen. Da es sich um ein staatliches Qualitätssiegel handelt, werden bei der inhaltlichen Prüfung solche ökologische und soziale Kriterien geprüft, auf die sich die Republik Österreich etwa (aber nicht nur) im Wege internationaler Abkommen selbst verpflichtet hat, also z. B. die Einhaltung der Menschenrechte, die Unterzeichnung des Kyoto-Protokolls zur Eindämmung des Klimawandels oder der Ausstieg aus der Atomenergieproduktion. Beim UZ 49 zeigt sich aber ein für die ethische Geldanlage typisches Problem: Da es in der Öffentlichkeit wenig bekannt ist, unterziehen sich nur wenige Kapitalanlagegesellschaften dem aufwändigen Prüfverfahren. Bekanntheit wird das UZ 49 aber erst erlangen, wenn sich möglichst viele Kapitalanlagegesellschaften diesem Verfahren unterziehen. Eine mögliche Lösung für das Problem könnte sein, Investmentfonds, die sich als nachhaltig oder ethisch bezeichnen, gesetzlich auf eine Zertifizierung nach UZ 49 zu verpflichten.

Die Frage, wie viel Ethik in ethischen Geldanlageprodukten tatsächlich enthalten ist, lässt sich also nicht immer einfach klären. Dennoch gibt es eine Reihe hervorragender Möglichkeiten, Geld ethisch verantwortlich anzulegen. Wenn die Nachfrage nach ethischen Geldanlageformen steigt, wird auch das Interesse an Qualitätsstandards und Gütesiegeln wachsen – und deren Realisierung in Gang bringen. Es wäre deshalb falsch, mit der ethischen Veranlagung von Geld solange zu warten, bis eindeutige Qualitätsstandards und Gütesiegel vorliegen, denn die Bereitschaft, schon heute sein Geld ethisch anzulegen, ermöglicht erst das Entstehen einer hochentwickelten Kultur des Ethik-Investments, in der Trittbrettfahrer und schwarze Schafe keine Chance mehr haben.

4.5 Der Weg: Ethische Geldanlage in der Praxis

4.5.1 Sehen

a) **Liquiditätserfordernis:** Fragen Sie sich zuallererst: Wie lange können oder wollen Sie Geld anlegen, bzw. zu welchem Zweck wollen Sie es tun? – Wenn Sie es momentan nicht brauchen, aber jederzeit eine Situation eintreten kann, in der Sie über das Geld verfügen müssen, haben Sie einen kurz- bis mittelfristigen Anlagehorizont (jederzeit fällig bis mehrere Monate Laufzeit). Wenn Sie hingegen Geld anlegen, weil Sie es in den nächsten Jahren nicht benötigen, sondern für eine spätere Investition bzw. Konsumation (Studium der Kinder, eigene Altersvorsorge etc.) zurücklegen wollen, ist Ihr Anlagehorizont langfristig.

b) **Risikobereitschaft**: Darauf aufbauend sollten Sie sich die Frage nach dem Zweck stellen: Welches Risiko können Sie verantworten? – Veranlagen Sie für sich oder für andere, zum

Beispiel Ihre Kinder? Veranlagen Sie einfach überschüssige Mittel ohne spätere Investitionserfordernisse – oder müssen Sie vielleicht sogar bereits absehbare, aber noch in der Zukunft liegende Aufwände finanzieren? – Aus der so ermittelten Risikobereitschaft lassen sich in der Regel Rendite*möglichkeiten* ableiten, die mit Ihren Rendite*erwartungen* aber nicht unbedingt übereinstimmen müssen. Wunsch und Wirklichkeit lassen sich aber auch in anderen Lebensbereichen nicht immer in Einklang bringen. Innerhalb der gleichen Risikoklasse gibt es meist unterschiedliche Produkte und Anbieter, die sich hinsichtlich der zu erzielenden Rendite geringfügig unterscheiden können. Größere Unterschiede weisen aber zumeist darauf hin, dass es ein zusätzliches – vielleicht nicht gleich offenkundiges – Risiko gibt.

c) **Renditeerwartung**: Erst jetzt (oft freilich schon in Verbindung mit der Frage nach künftigen Finanzierungserfordernissen) kommt jedenfalls die spannende Frage: Welche Renditeerwartungen haben Sie? Wenn Sie diesen Schritt vorziehen, schränken Sie damit unter Umständen die Auswahlmöglichkeiten sicherer und liquider Geldanlagen stark ein. Wenn Sie zum Beispiel eine Rendite von 10 % pro Jahr anstreben, bleiben in der Regel nur hochriskante Anlageformen übrig. Vergessen Sie dabei nicht: Die Tatsache, dass Sie vielleicht jemanden kennen, der 10, 20 oder gar 100 % Gewinn erzielt hat, bedeutet nicht automatisch, dass so ein Gewinn auch in Zukunft und auf lange Frist bzw. mit der gleichen Anlagestrategie garantiert ist. Jedes Geldanlagegeschäft hat je eigene Voraussetzungen und Bedingungen. Und außerdem: Es wird auch viel geflunkert in Hinblick auf erzielte Renditen. So wie Anglerlatein, bei dem kleine Fische plötzlich zu kapitalen Hechten werden, gibt es auch Anlegerlatein. Vor allem in Bezug auf Investments in Aktien oder Investmentfonds sollten Sie überdies berücksichtigen, dass alle Kennzahlen – zum Beispiel *Performance*- und Risikokennzahlen – vergangenheitsbezogen sind. Das heißt: Diese Kennzahlen bilden ab, wie sich das Anlageprodukt in der Vergangenheit entwickelt hat – und das hat nur eine sehr beschränkte Aussagekraft für die Zukunft.

4.5.2 Urteilen

a) **Vorentscheidungen**: Wenn Sie Ihre Liquiditätserfordernisse, Risikobereitschaft und Renditeerwartungen miteinander abgewogen haben, verfügen Sie vermutlich bereits über eine konkrete Vorstellung von einem Anlageprodukt oder einem Anlagestil. Sie haben sich entweder für eine sehr sichere Anlageform (z. B. Sparbuch, Festgeld, Staatsschuldverschreibung) oder für eine riskantere Anlageform mit höherer Renditemöglichkeit (z. B. Investmentfonds, Direktbeteiligung) entschieden.

b) **Grundfragen**: Jetzt geht es aber noch darum nachzufragen, auf welche Art und Weise die Rendite überhaupt erwirtschaftet wird. Hier befinden Sie sich auf der Ebene der ethischen Reflexion: Erfolgt die Renditeerwirtschaftung zum Schaden von Gesellschaft und Umwelt, oder werden damit sozial und ökologisch verantwortliche Produkte, Prozesse und Wirtschaftsweisen gefördert? Für ethisch motivierte Investoren gilt hier ein eindeutiger Vorrang *„Ethik vor Rendite"*: Auch eine noch so tolle Renditeaussicht rechtfertigt es nicht, dass z. B. Menschen ausgebeutet werden.

c) **Persönliche Moral**: Erstellen Sie für sich eine Liste von ethischen Kriterien, die Ihnen persönlich besonders wichtig sind.

d) **Vorinformation**: Informieren Sie sich am besten im Vorfeld des Beratungsgesprächs selbst auf einigen der im Anhang angeführten Webseiten oder Informationsforen über konkrete Anlagemöglichkeiten.

e) **Beratung**: Fragen Sie Ihren Berater, welche Möglichkeiten es gibt, im Rahmen Ihres Liquiditäts-Risiko-Rendite-Profils entsprechend Ihrer Kriterien ethisch verantwortlich und nachhaltig Geld anzulegen. Lassen Sie sich nicht entmutigen, wenn dieser keine Alternativen weiß oder Sie davon abzubringen versucht. Konfrontieren Sie ihn stattdessen mit Hinweisen und Beispielen aus diesem Buch. Wenn Ihr Berater auf Ihre Wünsche, Vorstellungen und Bedürfnisse nicht weiter eingeht, sollten Sie sich um einen anderen umsehen.[3]

4.5.3 Handeln

Auch wenn es seltsam klingt: Dieser dritte Schritt erweist sich in der Praxis oft als der schwierigste. Oft verfügen Investoren hinsichtlich ihres Liquiditäts-Risiko-Rendite-Profils und ihrer ethischen Ziele und Werthaltungen durchaus über ganz klare Vorstellungen, und meist wissen diese Investoren auch, welche ethischen Anlagemöglichkeiten dafür in Frage kommen. Allein, der letzte Schritt, die Umsetzung, erweist sich häufig als überraschend große Hürde. Denn Geld nun nach neuen Kriterien anzulegen, bedeutet erst mal eine Veränderung. Solche Veränderungen werden vielfach als unsicher und riskant empfunden. Man veranlagt in ein neues Produkt, mit dem man noch keine Erfahrungen gemacht hat, und eventuell auch bei Institutionen und Personen, mit denen man bisher noch nicht zu tun hatte. Auch verbindet einen mit der Hausbank oder dem bisherigen Berater eine oft langjährige Partnerschaft, und man hat gemeinsam Höhen und Tiefen erlebt. All das bewirkt, dass man den letzten und entscheidenden Schritt – die Umsetzung des ethischen Investments – hinauszögert.

Sie sollten sich aber vor Augen halten: Die sittliche Notwendigkeit einer Handlung zu erkennen, aber nicht entsprechend zu handeln, ist nicht nur inkonsequent, sondern unverantwortlich. Außerdem wird oft auch übersehen, dass man mit der Umsetzung ethischen Investments auch einen aktiven Beitrag dazu leistet, bestehende Verhältnisse und Partnerschaften weiterzuentwickeln – und zwar in Richtung ethischer Verantwortung und nachhaltiger Entwicklung: Wenn Sie Ihr Geld ethisch anlegen oder in ein ethisches Geldanlageprodukt investieren, beweisen Sie damit nämlich, dass es entsprechende Nachfrage und Akzeptanz auf dem Markt gibt. Auf dieses Signal hin werden Ihr Berater und Ihre Bank – wenn sie klug und außerdem ehrlich an der Fortführung der Kunden-Partnerschaft interessiert sind – beginnen, sich selbst mit ethischer Geldanlage zu beschäftigen. Die Wirkung Ihres Handelns könnte besser nicht sein: Sie investieren selbst sozial und ökologisch verantwortlich und tragen gleichzeitig zur Verbreitung der Idee ethischen Investments bei.

Denken Sie an die Entwicklung des Biolebensmittelmarktes: Vor 30 Jahren wurden sowohl die ersten Biobauern als auch die noch spärlichen und kleinen Bioläden als wenig zukunftsfähig erachtet und als Nischensegmente für ein paar alternative Idealisten, die es sich noch dazu leisten konnten, belächelt. In der Zwischenzeit hat entsprechende Nachfrage ebenso wie die Entwicklung einschlägiger Qualitätsstandards und Markensiegel dazu geführt, dass keine der großen Supermarktketten mehr auf Bioprodukte in ihren Regalen verzichten kann. Es liegt im Wesentlichen an den Kunden, solche Entwicklungen zu forcieren – auch im Bereich des ethischen Investments.

--- Worauf noch warten?!? ---

Anmerkungen:

1 Zum Download unter www.cric-online.org
2 Der Begriff „Umweltzeichen" legt nahe, dass nur ökologische Aspekte geprüft werden. Tatsächlich werden aber auch soziale Themen untersucht. Die Prüfverfahren beziehen sich einerseits auf Ethik- und Nachhaltigkeits-, andererseits auf Themenfonds. Informationen unter: www.umweltzeichen.at
3 Zugegeben: Mit dem Anspruch einer sozial und ökologisch verantwortlichen Geldanlage steigt der Informations- und Beratungsaufwand. Wer aber ethisch verantwortlich handeln und einen Beitrag zu einer besseren Welt leisten will, kommt darum nicht herum. Für Investoren bedeutet das zweierlei: Erstens braucht es Know-how zum Thema Geld und Ethik. Dieses Buch will mit den angeführten Verweisen auf Literatur, Webseiten und Initiativen dazu einen Beitrag leisten. Zweitens geht es darum, Anlageberater mit Ethik-Kompetenz zu finden. Auch das ist schwierig, aber nicht unmöglich: In diesem Buch sind einige Institutionen angeführt, die sich auf ethische und nachhaltige Anlagekonzepte spezialisiert haben bzw. kompetente Beratung in diesem Sinn anbieten. Sich von diesen zumindest eine zweite Meinung einzuholen, kann nicht schaden.

ANHANG

A. Die wichtigsten Anlageformen[1]

Sparbuch

Spareinlagen sind durch Ausfertigung einer Sparurkunde (Sparbuch) gekennzeichnet. Mit Vorlage des Sparbuchs kann über das Guthaben verfügt werden. Neu eröffnete Sparbücher müssen legitimiert sein, d. h. dass die Identität des Inhabers dem Bankinstitut bekannt sein muss.

➡ **Rendite:** Der Ertrag entspricht dem Zins abzüglich Kapitalertragssteuer pro Zeiteinheit.
➡ **Risiko:** Sparurkunden eignen sich sehr gut als Liquiditätspuffer (etwa in der Höhe von 3 bis 5 Monatsgehältern). Angesichts der in den letzten Jahren sehr niedrigen Verzinsung (und unter Berücksichtigung von 25 % Kapitalertragssteuer sowie der Inflation) kann sich beim Sparbuch allerdings sogar ein realer Kaufkraftverlust ergeben. Deshalb können andere Anlageformen unter ökonomischen Gesichtspunkten vorzuziehen sein.

Sparbücher gelten – sofern die angesparten Beträge den Rahmen der Einlagensicherung nicht übersteigen – als fast risikofrei, da es in den meisten Ländern gesetzliche Einlagensicherungen (zumindest bis zu bestimmten Obergrenzen) gibt. Es gibt allerdings auch bereits viele Jahre zurückliegende Einlagensicherungsfälle, die noch immer auf Abgeltung ihres nominellen

Anspruchs warten. Neben den gesetzlich vorgeschriebenen können Bankinstitute freiwillig auch zusätzliche Einlagensicherungen anbieten, so etwa in Deutschland über entsprechende Einlagensicherungsfonds der Bankenverbände. Die Geschichte der Einlagensicherung ist jedenfalls eng mit der Geschichte der Banken, die immer wieder von Krisen heimgesucht wurden, verbunden.

➡ **Ethik:** Mit dem Eintrag in das Sparbuch wird die Verantwortung über die weitere Verwendung der Spareinlagen an das jeweilige Bankinstitut abgegeben. In der Regel werden die Gelder dann ohne entsprechende ethische Kriterien weiterverwendet.

Einige alternative und kirchliche Banken bieten allerdings Sparbücher mit ethischen Zielsetzungen an, z. B. durch die garantierte Weiterverwendung der Spareinlagen zur Kreditvergabe an ökologische, soziale und kulturelle Projekte/Unternehmungen, die ausschließliche Weiterveranlagung der Gelder nach ethischen Kriterien oder lediglich durch die Bankgewinnverwendung für ethische Zielsetzungen. Oft bieten alternative Banken auch niedrigere Zinssätze an, weshalb Kredite für bestimmte Projekte günstig zur Verfügung gestellt werden können. Im Fall von Zinsspenden wird seitens der Sparer auf einen Teil des Zinses verzichtet und für bestimmte Zwecke zur Verfügung gestellt. Bei solchen Alternativangeboten ist jedenfalls immer im Detail zu prüfen, ob ein „Ethik-Sparbuch" lediglich eine Form der Zinsspende an soziale, ökologische oder kirchliche Projekte oder tatsächlich ein hinsichtlich der weiteren Verwendung der Spareinlagen wirklich durchgängig ethisches Produkt darstellt.

Bausparen

Beim Bausparen handelt es sich um ein geschlossenes System, bei dem alle (durch Spar- und Tilgungsleistungen der Zuteilungsmasse) zufließenden Einlagen wieder als Bausparguthaben bzw. -darlehen an die Bausparer zurückfließen. Im Gegensatz zum individuellen Sparen zu Bauzwecken handelt es sich hier um den Zusammenschluss zukünftiger Kreditnehmer, die sich vertraglich zu planmäßigem Sparen verpflichten. Aus dem sich daraus ansammelnden Kapitalstock erhalten die Sparer nach einem bestimmten Zuteilungsmodus ihr Bauspardarlehen. (Neuerdings geht die Entwicklung allerdings auch in Richtung Finanzierung von Pflegevorsorge oder Studium.)

➡ **Rendite:** Bei dieser Sparform gibt es neben der Verzinsung auch eine staatliche Prämie (begrenzt mit einer Höchstbemessungsgrundlage pro Person und Jahr). Außer für diese staatlichen Prämien auf das Bausparguthaben ist Kapitalertragssteuer zu bezahlen. Die Attraktivität des Bausparvertrages ist also nach Abzug von 25 % Kapitalertragsteuer (in Österreich), Kontoführungsgebühren und Berücksichtigung der Inflation zu beurteilen. Ertrag des Bausparens ist auch das Erlangen eines Anspruches auf ein Bauspardarlehen. Prämienbegünstigte Bausparverträge können auch für Kinder abgeschlossen werden.

➡ **Risiko:** Bausparen gilt als sehr sichere Anlageform. Allenfalls ist darauf zu achten, ob die Verträge mit fixer oder variabler Verzinsung angeboten werden.

➡ **Ethik:** Der zumindest ursprüngliche und wohl immer noch häufigste Sparzweck des Bausparens – Errichtung/Verbesserung von Wohnraum – zielt auf ein menschliches Grundrecht und -bedürfnis ab. Bausparen ist dabei an sich ein solidarisches Modell, weil Personen, die ein Bauprojekt haben (aber auch andere), gemeinsam zu diesem Zweck sparen und die bereits aufgebrachten Mittel laufend für günstige Darlehen zur Verfügung gestellt werden. Gleichzeitig – und zudem steuerlich gefördert – fließt Geld in den Wohnungsmarkt, was wiederum zu einem wachsenden Angebot führt, wodurch insgesamt auf die Wohnungspreise und damit auf die Mieten ein positiver Einfluss zu erzielen ist. Ökologische oder soziale Steuerungseffekte – etwa hinsichtlich der Frage, ob durch Bausparen ökologische bzw. energieoptimierte Bauten errichtet oder Bauarbeiter zu fairen Bedingungen beschäftigt werden – sind bei konventionellen Bausparkassen allerdings nicht zu erwarten.

Eigener Wohnraum

Die Schaffung von eigenem Wohnraum ist insgesamt eine unter ethischen Gesichtspunkten sinnvolle Variante der Geldanlage, weil damit einerseits der regionale Wohnungsmarkt entlastet werden kann und andererseits eine Realität hohe Wertsicherheit aufweist (z. B. als Vorsorge im Alter). Als Anlageform kommen Eigentumswohnungen bzw. -häuser oder Genossenschaftsanteile in Frage. Aufgrund der hohen Transaktionskosten (Grunderwerbssteuer, Maklergebühren, Notarkosten etc.) ist bei Immobilien nur eine langfristige Anlage sinnvoll.

➡ **Rendite:** Der Wohnnutzen aus Wohnungseigentum ist im Hinblick auf den zumeist hohen Anteil der Wohnungskosten an den gesamten Lebenshaltungskosten monetär bedeutsam. Allerdings dürfen die laufenden Instandhaltungs- und Betriebskosten nicht übersehen werden.

➡ **Risiko:** Schwierigkeiten können sich bei der Wiederveräußerung von Immobilien ergeben (z. B. in Absiedlungsgebieten oder wenn die Immobilie hinsichtlich Qualität oder Größe nicht mehr den Nachfragestandards am Wohnungsmarkt entspricht). Immobilien werden zudem häufig gemeinsam mit einem Ehe- oder Lebenspartner erworben. Im Fall einer Trennung oder im Todes- bzw. Erbfall kann der Besitz einer Immobilie zu größeren Schwierigkeiten führen. Deshalb sollte man sich schon vor der Anschaffung über allfällige Absicherungsmöglichkeiten informieren.

➡ **Ethik:** Eine eigene Immobilie bietet zumindest bei ihrer Errichtung bzw. Renovierung die Möglichkeit, eigene Wertvorstellungen miteinfließen zu lassen (z. B. thermische Sanierung, Errichtung eines Niedrigenergiehauses, Verwendung ökologischer Baustoffe etc.). Ein landschaftsökologisches Problem kann freilich der mancherorts herrschende Trend zum Eigenhaus in Hinblick auf eine „Verhüttelung" oder Zerstückelung der Landschaft bzw. auf die ineffiziente Nutzung knapper Bodenressourcen darstellen.

Aktien

Eine Aktie ist die Verbriefung einer Beteiligung am Grundkapital einer Aktiengesellschaft. Der Aktienkurs spiegelt Angebot und Nachfrage wider und repräsentiert den Wert der Aktiengesellschaft.

Begrifflich unterscheidet man:

- Inhaberaktien (Eigentümer nicht namentlich genannt; häufigste Aktienkategorie; an der → *Börse* gehandelt)
- Namensaktien (auf den Namen des Eigentümers ausgestellt; seltenere Aktienkategorie; außerhalb der → *Börse* gehandelt)
- Stammaktien (stimmberechtigt bei den Jahreshauptversammlungen der Aktionäre)
- Vorzugsaktien (ohne Stimmrecht, dafür üblicherweise höhere Dividendenzahlung; mittlerweile seltener geworden)
- Junge Aktien (werden im Rahmen einer Kapitalerhöhung der betreffenden Aktiengesellschaft neu ausgegeben)

Aktien werden in der Regel an einer Wertpapierbörse gehandelt. Es wird zwischen „amtlichem Handel", „geregeltem Freiverkehr" und „drittem Markt" unterschieden. An der → *Börse* können Aktien praktisch jederzeit gekauft und verkauft werden. Die Transaktion verläuft dann nicht direkt zwischen Käufer und Verkäufer, sondern über Wertpapierhändler. Häufig fungieren Banken als Händler.

Es gibt aber auch Aktien, die nicht an einer → *Börse* notieren, denn der Kauf und Verkauf ist auch direkt zwischen Aktionären möglich, aber technisch schwieriger und v. a. riskanter.

➡ **Rendite:** Die Rendite ergibt sich aus der Differenz zwischen Kaufs- und Verkaufswert zuzüglich allfälliger Dividendenzahlungen oder sonstiger Ausschüttungen. Eine Dividende ist der laut Beschluss der Hauptversammlung an die Aktionäre ausgeschüttete Anteil am Unternehmensgewinn.

➡ **Risiko:** Die Kursschwankung von Aktien hängt von einer Vielzahl von Faktoren ab, weshalb Aktien eine Geldanlageform mit höherer → *Volatilität* und deshalb auch mit höherem Risiko darstellen; d. h. sowohl die Verlust- als auch die Gewinnchancen sind höher. Bei einem Aktien-Investment besteht somit keinerlei Garantie auf Kursgewinne.

Zu bedenken ist jedenfalls, dass prinzipiell jede Aktiengesellschaft in Konkurs gehen kann, wodurch das gesamte eingesetzte Kapital (mit Ausnahme des Anteils am Liquidationserlös der AG) verloren wäre. Eine Kapitalherabsetzung – z. B wenn eine Aktiengesellschaft in ökonomischen Schwierigkeiten ist – wiederum kann zu einer Herabsetzung des Nennwertes einer Aktie führen. Das Geld ist dann zwar nicht ganz verloren, aber der nominelle Wert der Aktien jedenfalls geringer.

Unter den kursrelevanten Faktoren sind zu nennen: politische sowie volkswirtschaftliche Rahmenbedingungen, das Urteil von Analysten über die Marktsituation bzw. das Entwicklungspotenzial des Unternehmens, aber auch das Herdenverhalten der Investoren, wodurch Kursentwicklungen noch verstärkt (Hausse/Baisse) und u. U. wiederum zum Anlass von Panik-(Ver-)Käufen werden können.

Langfristig ist nach mehrheitlicher Meinung mit einem branchenmäßig und regional (bezogen auf Wirtschaftszonen) breit gestreuten → *Portfolio* von Aktien das Risiko am niedrigsten und eine Rendite (nach Steuer und Inflation) am sichersten.

➡ **Ethik:** Bei der Emission von Aktien bzw. bei Kapitalerhöhungen wird dem Unternehmen unmittelbar Geld zugeführt (über den „Primärmarkt"). Es ist dabei zu beachten, wofür eine Aktiengesellschaft das „frische Geld" verwenden wird (z. B. für Forschung und Entwicklung oder die Übernahme von Konkurrenzunternehmen).

Am Sekundärmarkt werden bereits emittierte Wertpapiere zwischen Investoren gehandelt. Im Wesentlichen bestimmen diese

Transaktionen das tägliche Börsegeschäft. Beim Kauf bereits im Handel befindlicher Aktien werden diese also nicht vom Unternehmen selbst, sondern von einem anderen Investor erworben; dem Unternehmen selbst fließt dabei kein Geld zu. Der Handel von Aktien beeinflusst allerdings deren Kurswert. Besteht starke Nachfrage, steigt der Kurs, überwiegt hingegen das Angebot, sinkt er. Diese Kursveränderungen haben keinen unmittelbaren Einfluss auf das Unternehmen; es hat das Kapital ja schon bei der Emission der Aktien bekommen. Der Aktienkurs hat jedoch indirekte Auswirkungen auf ein Unternehmen – in Hinblick auf sein Image, die Kosten für weitere Kapitalaufbringung etc.; er stellt außerdem ein externes Feedback für das Unternehmen dar in Hinblick darauf, wie zukunfts- bzw. marktfähig es von den Investoren eingeschätzt wird. Diese Effekte sind für das ethisch orientierte Investment entscheidend, da Unternehmen prinzipiell an steigenden Aktienkursen interessiert sind. Je mehr Menschen ethische Kriterien beim Handel von Aktien berücksichtigen und dadurch den Aktienkurs von Unternehmen – positiv wie negativ – beeinflussen, desto eher werden diese auch solche ethischen Kriterien in ihre Geschäftspolitik einfließen lassen.

Im Lauf der letzten Jahrzehnte hat sich die durchschnittliche Behaltedauer von Aktien deutlich reduziert. Für ethisch orientierte Investoren ist das Thema des häufigen Kaufs und Verkaufs von Aktien von Relevanz. Denn eine stetig wachsende Volatilität auf den Aktienmärkten kann negative Auswirkungen auf die Realwirtschaft haben. Für ethisch orientierte Investoren empfiehlt es sich daher, Aktien längerfristig zu halten.

Auch über das Aktionärsstimmrecht bei der Hauptversammlung oder im direkten Dialog zwischen ethisch orientierten Aktionären und Management kann Einfluss auf das betreffende Unternehmen genommen werden.

Anleihen (auch „Obligationen", „Renten(papiere)", „Bonds")

Anleihen werden von der öffentlichen Hand, von Geldinstituten oder Großunternehmen ausgegeben, um große Investitionsvorhaben zu finanzieren. Sie sind (in- und ausländische) Forderungswertpapiere bzw. Schuldverschreibungen, die das Recht des Inhabers auf Rückzahlung des eingezahlten Betrages zu bestimmten Terminen und auf einen über die gesamte Laufzeit vereinbarten Zinsertrag verbriefen. Die übliche Form der Tilgung/Rückzahlung ist die endfällige Tilgung.

Begrifflich unterscheidet man:

- Fest verzinsliche Anleihen
- *Floater* (Anleihen mit variabler, am Markt orientierter Verzinsung)
- Nullkupon-Anleihen, die anstelle von Zinsen einen zum Kaufzeitpunkt entsprechend reduzierten Kurswert haben, der sich am zum Emissionszeitpunkt gültigen Zinsniveau orientiert; die Tilgung am Laufzeitende erfolgt pari, also mit Kurswert 100. Anleihen können wie Aktien über eine → *Börse* oder auch außerbörslich emittiert und gehandelt werden.

➡ **Rendite:** Die Rendite ergibt sich aus der Differenz zwischen Kaufs- und Verkaufswert zuzüglich Kupon (fix oder variabel) minus Ausgabeaufschlag (pro Zeiteinheit, z. B. 1 Jahr).

➡ **Risiko:** Das Risiko von Anleihen liegt hauptsächlich darin, dass der Schuldner die Anleihe nicht zurückzahlen bzw. die Zinsen nicht bezahlen kann (Bonitäts- bzw. Ausfallsrisiko). Anleihenemittenten gelten allerdings in vielen Fällen als *„too big to fail"*, weshalb Anleihen im Vergleich zu Aktien als deutlich sicherer gelten. Internationale Anleihenemittenten werden jedenfalls von Rating-Agenturen regelmäßig auf ihre (ökonomische) Bonität hin analysiert.[3] Kursschwankungen entstehen in diesem Zusammenhang nicht nur im Zuge des Handels mit Anleihen sowie durch Änderungen des Zinsniveaus, sondern auch durch Veränderungen im Bonitätsranking.

Im Konkurs- oder Liquidationsfall ist zu unterscheiden in vorrangige, gleichrangige oder nachrangige Anleihen. Nachrangige Anleihen werden erst nach vorrangigen Anleihen getilgt; wenn das Vermögen des Emittenten nicht ausreicht, werden nachrangige Anleihen nicht mehr getilgt.

Weitere Risiken bestehen beim vorzeitigen Verkauf von Anleihen: Abhängig von der Zinsentwicklung und anderen Faktoren kann der Kurs der Anleihe zum Zeitpunkt eines vorzeitigen Verkaufes unterhalb oder oberhalb des Kaufpreises liegen (Kursrisiko).

Eine dritte Variable kann schlagend werden, wenn die Anleihe auf eine Fremdwährung lautet und sich das Wechselkursverhältnis verändert (Währungsrisiko).

➡ **Ethik:** Sinngemäß gilt das unter diesem Punkt bereits bei den Aktien Gesagte. Freilich gibt es bei Anleihen kein Stimmrecht, und auch hinsichtlich der Behaltedauer gelten in diesem Segment andere Regeln als bei den Aktien. Eine ethische Steuerungsmöglichkeit besteht bei Anleihen v. a. dann, wenn man bei deren Kauf auf die ethische Bonität der damit finanzierten Zwecke achtet oder sich an ethisch orientierte Anleihenfonds hält.

Bei Anleihen und Schuldverschreibungen kann die Berücksichtigung ethischer Kriterien daher einen unmittelbaren Einfluss auf die Refinanzierungskosten eines Unternehmens haben.

Investmentfonds

Investmentfonds sind von Kapitalanlage-Gesellschaften gegründete eigene Verrechnungskreise bzw. Sondervermögen, in denen das Fondsvermögen je nach Ausrichtung und Zielsetzung entsprechend veranlagt wird. Investmentfonds sammeln – einmalig oder in regelmäßig wiederkehrenden Zeiteinheiten – Kapital von privaten und/oder institutionellen Investoren und stellen im Gegenzug Anteilsscheine (Investment-Zertifikate) aus. Sie können sowohl hinsichtlich ihrer → *Asset Allocation* als auch branchenmäßig und regional unterschiedlich breit gestreut bzw. diversifiziert sein oder gezielt bestimmte Schwerpunktsetzungen aufweisen, wie etwa die Beschränkung auf bestimmte Länder, Regionen, Währungen, Branchen oder Themen.

Je nach Anlagekategorie unterscheidet man:

- Rentenfonds (investieren nur in Anleihen)
- Aktienfonds (investieren nur in Aktien)
- Gemischte Fonds (investieren sowohl in Anleihen als auch Aktien; meist gibt es festgelegte Höchstgrenzen für den Aktien-, mitunter auch für den Anleihenanteil)
- Immobilienfonds (investieren ausschließlich in Immobilien: Grundstücke, Zinshäuser, Bürogebäude, Freizeitanlagen etc.)
- Hedgefonds (investieren in eine kaum beschränkte und aus

strategischen Gründen u. U. oft wechselnde Vielzahl von Assetklassen; aus weiter oben genannten Gründen kommen Hedgefonds unter den aktuellen gesetzlichen Rahmenbedingungen für ein Ethik-Investment nicht in Frage)

Hinsichtlich der Gewinnausschüttungen unterscheidet man:
- Thesaurierende Fonds (Ausschüttungen werden im selben Fonds wiederveranlagt)
- Ausschüttende Fonds (Ausschüttungen werden ausbezahlt)

➡ **Rendite:** Die Rendite berechnet sich aus der sich aus Kursschwankungen ergebenden Differenz zwischen Kauf- und Verkaufspreis zuzüglich allfälliger Ausschüttungen abzüglich Ausgabeaufschläge und Managementgebühren pro Zeiteinheit.

➡ **Risiko:** Stellen Sie sicher, dass es sich bei der Veranlagung in einen Investmentfonds um einen in Ihrem Land zum öffentlichen Vertrieb zugelassenen Investmentfonds handelt! Diese zugelassenen Fonds unterliegen einer behördlichen Aufsicht; außerdem erfolgt ihre steuerliche Behandlung automatisch und muss nicht selbst vorgenommen werden.

Häufig wird für Fonds mit ihrer historischen Kursentwicklung, also ihrer bisherigen „Erfolgsstory" geworben. Diese und davon abgeleitete Kennzahlen sagen allerdings nur sehr eingeschränkt etwas über die zukünftige Entwicklung aus.

Ein wesentliches Sicherheitskriterium stellt die unterschiedlich breite Streuung der Fonds dar. Grundsätzlich gilt: Je breiter die Streuung, desto geringer das Risiko. Reine Aktienfonds tragen in diesem Sinn stets ein höheres Risiko als gemischte oder reine Rentenfonds, da Renten allgemein eine geringere → *Volatilität* als Aktien aufweisen.

➡ **Ethik:** Aufgrund der großen Kapitalvolumina und der breiten Kundenstreuung verfügen Investmentfonds über einen bedeutenden Hebel in Hinblick auf die Wertpapiermärkte. Üblicherweise üben sie am Finanzmarkt durch ihre Investment-Bewegungen Druck in Richtung höherer Renditen aus *(→ shareholder value).* Das geschieht in Hinblick auf den Aktienanteil von Investmentfonds außerdem durch die direkte Ausübung von Aktionärsstimmrechten durch die Fondsgesellschaften oder durch deren direkten Dialog mit Wertpapieremittenten („Engagement").

Die Idee von ethisch orientierten Investmentfonds ist es nun gerade, die übliche Logik der ausschließlichen (kurzfristigen) Renditemaximierung zu durchbrechen, stattdessen mit ihren „Kapitalhebeln" soziale und ökologische Themen zu forcieren und so einen an ethischen Werten orientierten Wettbewerb in Wirtschaftsräumen oder -branchen zu induzieren. Die Strategien können dabei allerdings sehr unterschiedlich sein: Viele Ethikfonds operieren entsprechend einer rein vermeidenden Strategie, indem sie jene Titel aus ihrem Anlageuniversum ausschließen, die den vorher festgelegten Ethikstandards nicht entsprechen; andere verfolgen den → *Best-in-Class-Ansatz* und versuchen damit, aktiv im Sinn ihrer ethischen Werte mitzusteuern. Es gibt auch zahlreiche Ethikfonds, welche diese beiden Strategien mischen. Auch in ihrer inhaltlichen Ausrichtung gibt es innerhalb der ethisch orientierten Investmentfonds z. T. große Unterschiede: Manche beschränken sich ausschließlich auf ökologische Aspekte („Öko-Fonds") oder bestimmte, ethisch relevante Themen (z. B. erneuerbare Energien oder nachhaltige und sozial verträgliche Rohstoffnutzung); andere wiederum decken ein sehr breites Spektrum an Themen hinsichtlich Umwelt-, Sozial- und Kulturverträglichkeit ab.

Lebensversicherungen

Im Gegensatz zur Sozialversicherung handelt es sich bei Lebensversicherungen um Individualversicherungen. Lebensversicherungen können sowohl der Vorsorge (z. B. für spätere Lebensabschnitte) als auch der Absicherung anderer (z. B. im Fall des eigenen Todes) dienen. Die Bezeichnungen für einzelne Lebensversicherungsarten sind in den verschiedenen Ländern teilweise sehr unterschiedlich (z. B. A: „Ablebensversicherung", D: „Risikolebensversicherung", CH: „Reiner Todesfallschutz").

Hinsichtlich ihrer finanztechnischen Konstruktion unterscheidet man:

- Konventionelle kapitalbildende Lebensversicherung
- Fondsgebundene Lebensversicherung
- Indexgebundene Lebensversicherung

Eine weitere Unterscheidung betrifft die Art der Auszahlung:

- Kapitalversicherung (einmalige Auszahlung einer Kapitalsumme nach Ablauf des Versicherungszeitraums bzw. der Versicherungssumme im Todesfall)
- Pensions- oder Rentenversicherung (Auszahlung in Form einer regelmäßigen Pension bzw. Rente bis zum Tod)
- Ausbildungsversicherung o. ä. (Auszahlung einer bestimmten Summe über einen bestimmten Zeitraum)

➡ **Rendite:** Die kalkulatorische Grundidee ist allen Lebensversicherungen gemeinsam: Die geleisteten Prämienbeiträge abzüglich der Kosten und Risikoanteile über die Laufzeit (bei

Kapitalversicherungen mit lebenslangem Todesfallschutz die Beitragszahlungsdauer) verzinst mit dem Rechnungszins ergibt die Versicherungssumme. Jener Teil der Ablaufleistung, der die Versicherungssumme übersteigt, entspricht der Überschussbeteiligung an der Lebensversicherung.

➨ **Risiko:** Die Versicherungsgesellschaft muss aufgrund gesetzlicher Vorschriften ihre allgemeinen Vermögenswerte sehr streng von den zur Sicherung der Kundenansprüche gehaltenen Vermögenswerten (Sicherungsvermögen) trennen. Ein Veranlagungsrisiko gibt es deshalb fast ausschließlich bei fondsgebundenen Versicherungen: Es hängt im Prinzip am Kursrisiko der jeweils veranlagten Fonds. Mitunter werden aber auch hier Garantieelemente angeboten (z. B. Gewinn- und Verlustdeckelung).

Bei einer vorzeitigen Kündigung erhält der Versicherungsnehmer den sogenannten Rückkaufswert. Dieser wird vertraglich vereinbart und kann mitunter sogar höher sein als der tatsächliche Vertragswert zum Kündigungstermin (Zeitwert), v. a. in der Anfangszeit ist er aber in der Regel niedriger als die Summe der bis zur Kündigung eingezahlten Prämien. Eine positive Rendite des eingezahlten Kapitals kann sich also meist erst nach einer mehrjährigen Laufzeit ergeben.

➨ **Ethik:** Aus ethischer Sicht ist v. a. relevant, wie die von den Versicherungsnehmern einbezahlten Prämien veranlagt werden. Seit einigen Jahren wächst die Zahl der Anbieter von Lebensversicherungen, welche die eingezahlten Gelder entweder direkt nach ethischen bzw. nachhaltigen Kriterien veranlagen oder – bei fondsgebundenen Polizzen – den Versicherungsnehmern eine Liste von Investmentfonds zur Auswahl anbieten, unter denen sich auch Ethikfonds befinden.

Darlehen

Ein Darlehen ist ein Realkontrakt, d. h. es kommt nur durch tatsächliche Übergabe einer realen Leistung (z. B. einer Geldsumme) an den Darlehensnehmer zustande. Dieser verpflichtet sich, die Leistung in gleicher Art, Menge und Qualität (in der Regel zuzüglich eines Zinses) zu einem bestimmten Zeitpunkt oder in periodischen Raten rückzuerstatten. Über den Darlehensbetrag wird ein Schuldschein ausgestellt.

➡ **Rendite:** Die Rendite besteht aus einem in der Regel fix vereinbarten Zinssatz.

➡ **Risiko:** Es kann passieren, dass der Darlehensnehmer zum vereinbarten Termin das Darlehen zuzüglich der Zinsen nicht zur Gänze oder gar nicht zurückzahlen kann. Dann kann zunächst zwar eine Stundung (Rückzahlung zu einem späteren Zeitpunkt – in der Regel plus weiterer Zinsen) vereinbart werden; im Fall des finanziellen Totalruins des Darlehensnehmers kann es aber auch vorkommen, dass das Darlehen zur Gänze als Verlust abgeschrieben werden muss.

➡ **Ethik:** Mithilfe von Darlehen können gezielt bestimmte soziale oder ökologische Projekte unterstützt werden, zumal Kredite bei Bankinstitutionen möglicherweise teurer kämen als die direkt gewährten Darlehen oder vielleicht überhaupt nicht gewährt werden würden (wie v. a. im Bereich des Mikrokreditsektors in Entwicklungs- und Schwellenländern).

Mikrokredite

Mikrokredite sind als Sonderform des Darlehens Kleinstkredite (in der Regel zwischen 10 und 500 Euro) an Menschen (heute vorwiegend Frauen in Entwicklungsländern), die aufgrund fehlender Sicherheiten keine Möglichkeit haben, überhaupt bzw. einen für sie erschwinglichen Bankkredit zu bekommen. Mikrofinanzinstitute vergeben Darlehen aber auch an Gruppen (z. B. Produktions- oder Verkaufsgenossenschaften), deren Mitglieder dann gemeinsam die Verantwortung für die pünktliche Rückzahlung der Kredite tragen.

Eine Möglichkeit, sich an diesem System zu beteiligen, ist der Erwerb von Genossenschaftsanteilen an einem Mikrokreditinstitut (Abwicklung in der Regel über einen Förderverein im eigenen Land). Es gibt auch Institute, die für Mikrokredite Spenden sammeln, und mittlerweile auch Fonds kommerzieller Anbieter, über welche Mikrofinanzinstitute vor Ort mit den nötigen Kapitalsummen versorgt werden.

➡ **Rendite:** Die Rendite ergibt sich beim genossenschaftlichen Modell aus der Beteiligung an den jährlich neu festgelegten Gewinnausschüttungen; bei Mikrokreditfonds gilt das bereits bei den Investmentfonds Gesagte.

➡ **Risiko:** Es ist darauf zu achten, dass sowohl durch Rückstellungen für zu erwartende Verluste als auch auf Sicherheit bedachte Veranlagungsentscheidungen das veranlagte Kapital durch die Mikrokreditgesellschaften sorgsam abgesichert wird, wiewohl auch dann naturgemäß ein Restrisiko niemals vollständig ausgeschlossen werden kann. (Beispiel: 70 % des Anlagekapitals geht in konkrete Mikrokreditprojekte, 30 % wird fest verzinslich veranlagt.) Erfahrungen belegen allerdings eine außergewöhnlich hohe Rückzahlungsquote bei den Kleinstkrediten, wodurch dieses Ethikinstrument bislang als relativ sicher (bei freilich geringerer Rendite) galt – nicht zuletzt auch deshalb, weil hier das eingesetzte Geld in realwirtschaftlichen Sektoren mit enormem Wachstumspotenzial (bei niedrigsten Ausgangsniveaus) und weitgehend an den instabilen Finanzmärkten vorbei veranlagt wird. Möglicherweise stark zeitversetzte Auswirkungen der aktuellen Finanz- und Wirtschaftskrise auf die Rückzahlungsquote bei Mikrokrediten sind bis dato noch nicht abschätzbar.

Die empfohlene Anlagedauer beträgt üblicherweise mehrere Jahre und sollte beim jeweiligen Anbieter erfragt werden. Je nach Institut gibt es sehr unterschiedliche Bindungsfristen des veranlagten Kapitals, die manchmal auch von dessen Höhe abhängig sind.

➡ **Ethik:** Diese spezielle Darlehensform gibt armen und in der Regel vom Kapitalmarkt ausgeschlossenen Menschen die realistische Chance, eigene unternehmerische Aktivitäten zu entwickeln, dadurch aus dem wirtschaftlichen Elend auszubrechen und Zukunftschancen für ihre Familien zu schaffen. Die Vereinten Nationen (UN) sehen im Mikrofinanzwesen ein wichtiges Instrument zur Erreichung der Millenniumsziele zur Reduktion von Armut. Sie hatten 2005 zum Jahr der Mikrokredite ausgerufen, und 2006 wurde Muhammad Yunus, mit seiner Grameen-Bank ein Pionier auf dem Gebiet des Mikrofinanzwesens in Bangladesh, dafür mit dem Friedensnobelpreis ausgezeichnet.

Bundesschatzscheine (in Österreich)

Bundesschatzscheine sind Forderungspapiere der Republik Österreich zur Deckung kurz- und mittelfristigen Finanzbedarfs. Seit einigen Jahren werden Bundesschatzscheine von Investoren gerne als Alternative zu Spar- und Festgeldeinlagen genutzt. Ein kostenloses Konto kann direkt bei der Bundesfinanzierungsagentur (ÖBFA) über Internet oder vor Ort in Wien eingerichtet werden. Laufzeiten von 1 bis 60 Monaten sind möglich.

➡ **Rendite:** Es werden fixe, je nach Laufzeit unterschiedlich hohe Zinssätze angeboten. Die Mittel, um diese zu bedienen, werden aus dem allgemeinen Steueraufkommen aufgebracht.
➡ **Risiko:** Die Rückzahlung garantiert der Staat. Bundesschatzscheine zählen somit zu den sichersten Anlageformen.
➡ **Ethik:** Wer Bundesschatzscheine erwirbt, leiht sein Geld dem Staat zur Bewältigung öffentlicher Aufgaben. Anders als etwa bei vergleichbaren Spar- oder Festgeldanlagen, wo das Geld entweder zur Kreditvergabe verwendet oder auf dem Kapitalmarkt veranlagt wird, weiß man also, wer mit dem Geld „arbeitet". Ethische Rating-Agenturen überprüfen überdies regelmäßig die „ethische Bonität" von Staaten. Im internationalen Vergleich zählen Deutschland, Österreich und die Schweiz dabei zu den Staaten mit den relativ höchsten ökologischen, sozialen und rechtsstaatlichen Standards. Man kann also davon ausgehen, dass mit dem in Bundesschatzscheinen veranlagten Geld zumindest demokratisch legitimierte und rechtsstaatlich abgesicherte Zwecke verfolgt werden.

Im Juli 2009 wurde allerdings bekannt, dass die ÖBFA Teile des über die Schatzscheine aufgenommenen Kapitals selbst in –

v. a. auch vom ethischen und demokratiepolitischen Standpunkt aus – äußerst zweifelhaften Finanzmarktprodukten veranlagt und dabei enorme Verluste eingefahren hat. Das ethische Problem besteht dabei nicht so sehr darin, dass der Staat selbst Geld veranlagt; das kann durchaus den Prinzipien kluger Haushaltsführung entsprechen. Problematisch werden staatliche Finanzveranlagungen aber spätestens dann, wenn sie erstens hochriskant sind[4] und außerdem ethischen Standards widersprechen, auf welche die Republik sich entweder selbst verpflichtet hat oder die sie von den eigenen Staatbürgern fordert.[5]

Dieses Beispiel zeigt deutlich, wie schwierig die ethische Relevanz von an sich ethisch vertretbar einzustufenden Geldanlagen in Einzelfällen einzuschätzen ist. Dass die ÖBFA das Geld der Staatsbürger für derartige Veranlagungen verwendet hat, konnten die Anleger nicht vermuten. Mit dem Bekanntwerden dieser Praxis muss sich jedenfalls auch die ethische Bewertung von Bundesschatzscheinen verändern. Ethisch orientierte Investoren wird es deshalb besonders interessieren, welche Regelungen künftig für die Veranlagungspolitik des Staates gelten werden.

Direktbeteiligungen

Direktbeteiligungen sind Geldanlagen in solche Unternehmen und Projekte, die üblicherweise nicht an Börsen notieren.

➡ **Rendite:** Die Rendite ergibt sich aus dem (erhofften) wirtschaftlichen Erfolg der Unternehmung, an der man sich beteiligt, und trägt in der Regel die Form einer (regelmäßigen) Gewinnausschüttung.

➡ **Risiko:** Direktanlagen zeichnen sich dadurch aus, dass Liquiditäts-, Sicherheits- und Renditegesichtspunkte von Fall zu Fall einzeln geprüft werden müssen. Bei nicht über Börsen gehandelten Direktbeteiligungen ist der Rückzug des investierten Kapitals oft nicht zu jedem beliebigen Zeitpunkt möglich. Ebenso wie bei herkömmlichen Aktien kann es beim Scheitern der Unternehmung zum Teil- oder Totalverlust des eingesetzten Kapitals kommen.

➡ **Ethik:** In den letzten Jahren haben vor allem Direktbeteiligungen in Projekte und Unternehmungen mit ökologischer und/oder sozialer Ausrichtung an Bedeutung gewonnen, da hierbei ein unmittelbarer Fördereffekt erzielt werden kann (z. B. zur Errichtung von Windparks). Kritische Aktionärsbewegungen bieten über gezielte Direktbeteiligungen an ethisch sensiblen bzw. problematischen Unternehmungen aber auch die Möglichkeit, als Miteigentümer direkten Einfluss auf eine ethisch orientierte Veränderung der Unternehmenspolitik zu nehmen.

Anmerkungen:

1 Die hier vorgenommenen Wertungen stellen keine Anlageempfehlungen der Autoren dar! Für auf Basis dieser Ausführungen getroffene Anlageentscheidungen wird keinerlei Haftung übernommen.
2 In der jüngsten Finanz- und Wirtschaftskrise hat sich die Verlässlichkeit solcher Ratings allerdings selbst als sehr unsicher erwiesen.
3 Im gegenständlichen Fall bemängelte der Rechnungshof die unzureichende Streuung des eingesetzten Kapitals auf unterschiedliche → *Assets* sowie die leichtgläubige Befolgung externer Bonitätsratings.
4 Im gegenständlichen Fall bezieht sich diese Kritik v. a. auf die Tatsache, dass die ÖBFA mit hoher Wahrscheinlichkeit mit in Steueroasen domizilierten Produkten spekuliert hat. Die Gewinne dieser Investitionen würden dann auf Praktiken basieren, welche die Existenz von Steueroasen ausnützen und somit originären Staatsinteressen eigentlich zuwider

laufen. Der Staat nützt also gewinnbringende Investments in Steueroasen, während er auf die Steuermoral der eigenen Steuerpflichtigen setzt. Er erweist damit überdies einem notwendigen international akkordierten Vorgehen gegen Steuerdumping einen Bärendienst. Gerade in puncto Steuermoral sollte der Staat aber eine Vorbildfunktion sowie eine Vorreiterrolle in der ethischen und nachhaltigen Geldanlagepraxis einnehmen.

B. Wichtige finanztechnische Begriffe

Anlageuniversum

Unter Anlageuniversum versteht man eine Liste investier- bzw. veranlagbarer Wertpapiertitel. Über die Investierbarkeit entscheidet die für ein Investment in Anschlag gebrachte Kriteriologie (Rendite-Risiko-Liquiditäts-Erfordernisse, ethische Kriterien, Beschränkung auf bestimmte Branchen oder Märkte etc.) Entsprechend dieser Kriterien können Anlageuniversen dann auch sortiert werden. Aus einem Anlageuniversum wird in der Regel das konkret investierte → *Portfolio* entwickelt.

Asset Allocation

Asset Allocation bezeichnet die Streuung eines → *Portfolios* auf verschiedene Anlageinstrumente (z. B. Aktien, Anleihen, Fonds, Cash, Derivate). Dabei geht es darum, die Rendite eines Portfolios zu optimieren und die Risiken zu minimieren. Aus Sicherheits- und Renditegesichtspunkten ist die Grundstruktur der Veranlagung die wichtigste Entscheidung beim Investment. Erst wenn diese feststeht, werden für jede Asset-Klasse Produkte gesucht, welche den individuellen Wertvorstellungen am nächsten kommen.

Die laufende Anpassung (Taktische Asset Allocation) an die Ziele und Märkte hinsichtlich Rendite und Ertrag kann auch dazu genutzt werden, das Portfolio den sich wandelnden Wertvorstellungen anzupassen oder neue ethische Investment-Möglichkeiten zu nutzen.

Best-in-Class-Ansatz

Dabei wird innerhalb jeder Veranlagungsbranche jeweils nur in jene Titel investiert, die den im Voraus definierten Ethikkriterien am besten entsprechen. Die Grundidee besteht darin, dadurch einen → *ethischen Wettbewerb* innerhalb der einzelnen Branchen zu induzieren.

Aus ökonomischer Sicht ist der Best-in-Class-Ansatz dem streng → *Prinzipien-orientierten Ansatz* aufgrund des in der Regel breiteren Universums veranlagbarer Titel vorzuziehen. Aus ethischer Sicht zielt dieser Ansatz auf größere politische Wirksamkeit, insbesondere in Hinblick auf ethisch problematische Branchen, die beim streng Prinzipien-orientierten Ansatz von vornherein aus einem Investment ausgeschlossen bleiben.

Häufig findet sich der Best-in-Class-Ansatz auch in Kombination mit Ausschlusskriterien. D. h. dass die „Besten" ihrer „Klasse" zusätzlich den festgelegten Ausschlusskriterien zu genügen haben, um als investierbar zu gelten.

Börse

Börse bezeichnet einen Handelsplatz für Wertpapiere oder Waren. Ausgehend von Angebot und Nachfrage werden dabei Preise für deren Handel festgesetzt. Üblicherweise sind Börsen heute elektronisch organisiert; die bekannten Bilder vom für Außenstehende chaotischen Treiben der Wertpapierhändler in den Börse-Foyers gehören zunehmend der Vergangenheit an.

CSR – Corporate Social Responsibility
CSR bezeichnet die Wahrnehmung sozialer und ökologischer Verantwortung durch Unternehmen. Man versteht darunter vor allem die freiwillige Selbstverpflichtung von Unternehmen auf soziale und ökologische Maßnahmen und Geschäftspraktiken, die über die gesetzlichen Standards hinausreichen.

Emittent

Ein Emittent ist der Herausgeber von erstmals in Umlauf gebrachten Wertpapieren. Es kann sich dabei um ein Unternehmen, eine öffentliche Körperschaft, einen Staat oder andere Institutionen handeln.

Ethik-Rating (auch **Nachhaltigkeits-Rating** oder **ethisch-ökologisches Rating**)
Ethik-Rating ist ein Verfahren zur Bewertung von Wertpapieremittenten (Unternehmen, Staaten) unter ethischen Gesichtspunkten. Dabei werden sowohl Negativ- als auch Positivkriterien in Anschlag gebracht.

Aufgrund der Komplexität und Dynamik moderner Wirtschafts- und Unternehmensstrukturen bedarf es dazu spezialisierter Rating-Agenturen, welche die für eine ethisch orientierte Bewertung der Anlagemöglichkeiten relevanten Informationen in regelmäßigen Abständen erheben und zur Orientierung für die interessierten Investoren entsprechend aufbereiten (in Form von

Ausschlusslisten, Best-in-Class-Rankings etc.). Für die Rating-Qualität ist nicht nur die dabei angewandte Kriteriologie von Bedeutung, sondern auch die methodologische Tiefe solcher Bewertungen.

Ethischer Wettbewerb

Sobald ethische Kriterien und Standards für Unternehmen Konkurrenz-relevant werden, kann sich ein ethischer Wettbewerb entwickeln. Dabei bemühen sich Unternehmen, durch die besondere Berücksichtigung von ethischen Kriterien gegenüber ihren Konkurrenten einen Vorteil im Wettbewerb um die Gunst der Investoren bzw. Kunden zu erzielen, sei es dadurch, dass sie deren ethischer Orientierung besser entsprechen als andere, sei es dadurch, dass sich durch die ethische Ausrichtung der Unternehmenspolitik auch der ökonomische Wert bzw. die Marktposition des Unternehmens nachhaltig verbessert.

Finanz-Rating

Finanz-Rating ist die Bewertung der Fähigkeit von Wertpapieremittenten zur zeitgerechten und vollständigen Erfüllung von Zahlungsverpflichtungen aus Schuldverschreibungen bzw. die Einstufung der Wahrscheinlichkeit hoher Dividendenvahlungen und steigender Kurse bei Beteiligungen. Neben quantitativen Faktoren wie Gewinn oder Cashflow werden allerdings auch qualitative Faktoren wie Management, Unternehmensstrategien, Liquiditätsvorsorge etc. bewertet.

Frankfurt-Hohenheimer Leitfaden (FHL)

Der FHL wurde 1997 der Öffentlichkeit vorgestellt und gilt mit über 800 Ethikkriterien als die umfassendste Kriteriologie für ethische Investments. Er dient Rating-Agenturen als Grundlage für die ethische Bewertung von Unternehmen. Einzelpersonen hilft er, eigene Wertepräferenzen zu entwickeln und kritisch zu reflektieren.

Hinter dem Leitfaden steht der Anspruch einer möglichst vollständigen Abbildung potenziell relevanter Prüfaspekte für ethisch-ökologisches Rating. Der „Wertebaum" des FHL gliedert sich in drei Dimensionen: Kultur-, Sozial- und Naturverträglichkeit. Der dabei zugrunde liegende christliche Wertehorizont zielt auf die nachhaltige Sicherung eines guten Zusammenlebens von Mensch und Mitwelt auf der Grundlage von Schöpfungs-, Generationen- und sozialer Gerechtigkeit.

Garantieanlagen / Garantiezertifikate

Darunter versteht man Anlageformen, die eine Mindestrendite oder zumindest den Erhalt des eingezahlten Kapitals zusichern. Für Investoren ist es wichtig zu prüfen, welches Garantiekonzept im Hintergrund steht, wer der Garantiegeber ist und ob dieser auch in der Lage ist, die Garantie zu erfüllen.

Geldmarkt

Dabei handelt es sich um einen Teilmarkt des Finanzmarktes, auf dem fast ausschließlich institutionelle Investoren wie Finanzintermediäre (Banken, Versicherungen ...) Geld handeln. In der Regel werden hier nur kurzfristige Anlagen bis maximal 1 Jahr gehandelt.

Kassamarkt
Am Kassamarkt werden „Basiswerte" gehandelt: Wertpapiere (Aktien und Anleihen) bzw. Waren (z. B. Rohstoffe). Geschäftsabschluss und -erfüllung fallen dabei – im Unterschied zum → *Terminmarkt* – zusammen.

Liquidität / Verfügbarkeit
Liquidität bezeichnet bei Geldanlagen die (Wieder-)Verfügbarkeit des investierten Kapitals. Bei „illiquiden" Anlageprodukten muss man einige Zeit warten, bis man sie wieder verkaufen kann. Problematisch kann das (v. a. bei außerbörslichen Investments) werden, wenn man das investierte Kapital dringend benötigt, aus dem Investment aber nicht oder nur mit Verlust aussteigen kann.

Nachhaltigkeit
1987 veröffentlichte die Weltkommission für Umwelt und Entwicklung einen nach ihrer Vorsitzenden, der vormaligen norwegischen Ministerpräsidentin Gro Harlem Brundtland, benannten Bericht, der v. a. für seine zweifache Definition einer „Nachhaltigen Entwicklung" bekannt wurde.

1. „Entwicklung zukunftsfähig zu machen, heißt, dass die gegenwärtige Generation ihre Bedürfnisse befriedigt, ohne die Fähigkeit der zukünftigen Generation zu gefährden, ihre eigenen Bedürfnisse befriedigen zu können." Diese Definition der intergenerationelle Gerechtigkeit wurde zum Grundelement aller nachfolgenden internationalen Umweltabkommen.
2. „Eine zukunftsfähige Entwicklung ist ein Prozess der Veränderung, in dem die Nutzung der Ressourcen, die Struktur der Investitionen, die Orientierung des technischen Fortschrittes

und die institutionellen Strukturen konsistent gemacht werden mit den zukünftigen und den gegenwärtigen Bedürfnissen."

Neben der Brundtland-Definition kursieren heute weitere Nachhaltigkeitsbegriffe. Gemeinsam ist ihnen, dass unter Nachhaltigkeit – im Gegensatz zur ursprünglichen Herkunft des Begriffs aus der Forstwirtschaft – heute in der Regel die Rücksichtnahme auf ökologische UND soziale Standards verstanden wird. Verstärkt wird auch thematisiert, dass es dabei nicht nur um Generationengerechtigkeit, sondern auch um internationale Gerechtigkeit geht.

VORSICHT! – Die Popularität des Nachhaltigkeitsbegriffs machen sich auch Marketingabteilungen von Unternehmen (insbesondere aus der Finanzbranche) dienstbar: Eine kritische Betrachtung zeigt, dass der Begriff „Nachhaltigkeit" hier oft nur als Synonym für anhaltenden wirtschaftlichen Erfolg bzw. Profit missbraucht wird, ohne dass dabei ethische Aspekte ernsthaft ins Spiel kommen.

Performance

Performance ist als ein Maß der Zielerreichung zu interpretieren. Während unter Produktivität das Verhältnis von realer Ausbringungsmenge zu realer Einsatzmenge verstanden wird, stellt die Performance das Verhältnis von tatsächlichem Output zu einem festgelegten (Standard-)Output bezogen auf die Einsatzmenge dar. (Je nachdem spricht man dann auch von *Out-* oder *Under-Performance.*) Die Messgröße Performance trägt im Bereich des Investments häufig auch einen Potenzialcharakter, d. h. dass aus Performancedaten, die aus einem bereits vergangenen Zeitabschnitt stammen, auf zukünftige Entwicklungen geschlossen wird. Dieser Extrapolation auf die Zukunft hin sollte man allerdings sehr kritisch und mit größter Vorsicht begegnen.

Portfolio

Ursprünglich bezeichnete das Portfolio eine Brieftasche. Im Finanzbereich beschreibt es ein Bündel von Anlagetiteln und -typen eines Investors, welchem eine bestimmte Anlagestrategie zugrunde liegt.

Prinzipien-orientierter Ansatz

Dieser Investment-Ansatz arbeitet mit ethischen Ausschluss- (d. h. absoluten oder relativen Negativkriterien) und/oder Positivkriterien.

Negativkriterien beschreiben Geschäftsfelder oder Unternehmenspraktiken, die mit bestimmten ethischen Standards unvereinbar sind. Positivkriterien benennen ethisch relevante Geschäftsfelder bzw. Unternehmenspraktiken, die Investment-Entscheidungen positiv beeinflussen sollen. Im Unterschied zum → *Best-in-Class-Ansatz* stellt der Prinzipien-orientierte Ansatz auf den Effekt des Boykotts ethisch unverträglicher bzw. die aktive Förderung sozial- und umweltverträglicher Wirtschaftsweisen ab.

Rendite / Effektivverzinsung

Die Rendite beschreibt das Verhältnis von Ein- und Auszahlung und wird in Prozent und jährlich (per anno – p.a.) angegeben. Die Rendite bietet eine Vergleichsmöglichkeit zwischen verschiedenen Anlagemöglichkeiten. Rendite wird mitunter synonym verwendet mit Begriffen wie Effektivverzinsung, Rentabilität oder Rücklaufquote.

Shareholder / Shareholder-Value

Shareholder heißt wörtlich übersetzt Anteils- bzw. Aktieninhaber. Shareholder kann eine natürliche oder eine juristische Person (z. B. eine Investment-Gesellschaft) sein. Die klassische ökonomische Theorie unterstellt, dass Shareholder ausschließlich an einer maximalen Rendite ihres eingesetzten Kapitals interessiert sind. Das davon abgeleitete Shareholder-Value-Konzept besagt, dass es – egal wie – Aufgabe des Managements einer Aktiengesellschaft ist, für die Aktionäre einen Ertrag zu erwirtschaften, der deutlich über dem Ertrag einer alternativen Anlage liegt. Es ignoriert damit allerdings die Tatsache, dass Anleger mit ihren Investments mitunter auch andere – v. a. ethische, u. U. aber auch patriotische und ähnliche – Interessen und Werte verfolgen.

Stakeholder

Ein alle Aspekte des Begriffs Stakeholder umfassender Ausdruck deutschen Ursprungs existiert nicht. Gemeint sind damit allgemein „Anspruchsträger", „Interessenten und Betroffene", „interessierte Kreise" und bei Projekten „Projektbeteiligte" und „Projektbetroffene". Stakeholder ist also jemand, der vom Verlauf und Ergebnis eines Prozesses betroffen ist. In den Sozial- und Wirtschaftswissenschaften wird der Begriff nicht nur für Personen verwendet, die im Rahmen einer Unternehmung tatsächlich einen Einsatz geleistet haben, sondern schlichtweg für alle, die ein Interesse am Verlauf oder Ergebnis derselben haben, auch zunächst scheinbar Unbeteiligte wie Kunden, Anrainer, das weitere soziale Umfeld, ja sogar das von einer Unternehmung betroffene Ökosystem.

Terminmarkt

Am Terminmarkt werden Derivate (Futures, Optionen) und Warrants (Optionsscheine) gehandelt. Am Terminmarkt erfolgt – im Unterschied zum → *Kassamarkt* – die Erfüllung eines Geschäftes erst zu einem späteren Zeitpunkt. Jedoch werden Preis, Menge und Liefertermin bereits bei Geschäftsabschluss festgelegt.

Volatilität

Die Volatilität (von lat. volare – fliegen) ist ein Maß für das Gesamtrisiko einer Geldanlage. Die „historische" Volatilität wird finanzmathematisch errechnet als statistische Standardabweichung und beschreibt die Schwankung eines Kurses in Prozent pro Jahr. (Eine Volatilität von 30 % bedeutet etwa, dass sich der Kurs eines Wertpapiers durchschnittlich und innerhalb eines Jahres zwischen 70 und 130 % des aktuellen Kurswertes bewegte.)

C. Wichtige Webadressen zur weiteren Information

www.cric-online.org: CRIC – Corporate Responsibility Interface Center e.V. (Verein für ethisch orientierte Investoren auf Basis des Frankfurt-Hohenheimer Leitfadens). CRIC ist eine Plattform zur Förderung des ethischen Investments und bietet Informationen, Vernetzungsmöglichkeiten und Aktivitäten rund um das ethische Investment.

www.ethisches-consulting.de: Diese Webseite der Projektgruppe Ethisch-Ökologisches Rating enthält Ergebnisse der Forschungsarbeit einer Gruppe von Wissenschaftlern und darauf aufbauender Publikationen.

www.ethisches-investment.de: Diese Webseite des Instituts für Markt-Umwelt-Gesellschaft e.V. bietet umfangreiche Informationen zu ethisch-ökologischem Investment. Hier werden auch laufend interessante Studien und Berichte zum Thema publiziert.

www.eurosif.org: Bei EUROSIF – dem European Social Investment Forum – handelt es sich um den europäischen Dachverband nationaler Foren für ethische und nachhaltige Geldanlagen. EUROSIF bietet umfassende Jahresberichte zur Entwicklung des ethischen Investments in Europa und hat Transparenzrichtlinien für ethische und nachhaltige Investmentfonds entwickelt.

www.evb.ch: Die Initiative „Erklärung von Bern" unterhält auf ihrer Webseite einen umfangreichen Schwerpunkt zum Thema Geld und Nachhaltigkeit mit interessanten Hintergründen vor allem zu schweizerischen Unternehmen.

www.forum-ng.de: Das FNG – Forum Nachhaltige Geldanlagen e.V. – besteht vor allem aus Anbietern ethischer und nachhaltiger Geldanlagemöglichkeiten, welche zur Verbreitung entsprechender Anlagemöglichkeiten beitragen.

www.geldundethik.org: Diese Webseite der Katholischen Sozialakademie Österreichs (ksoe) bietet nicht nur umfassende Grundlageninformationen, sondern auch Beispiele für konkrete Möglichkeiten des ethischen Investments, differenzierte Literaturempfehlungen und zusätzliche Internetlinks. Darüber hinaus kann man sich hier über Lehrgänge der ksoe zu Geld und Ethik informieren.

www.germanwatch.org: Die Webseite von German Watch bietet zum Thema Finanzsektor und Nachhaltigkeit eine umfassende Linkliste sowie eine Reihe aufschlussreicher Meldungen und Berichte.

www.gruenesgeld.at: Die Plattform „Ethisch-ökologische Veranlagung" der Österreichischen Gesellschaft für Umwelt und Technik (ÖGUT) besteht aus Akteuren des ethischen und nachhaltigen Investments in Österreich; ihre Webseite bietet Informationen zu Personen, Institutionen und Initiativen des ethischen und nachhaltigen Investments.

www.kritischeaktionaere.de: Die Webseite der Kritischen Aktionäre in Deutschland bietet laufend Beispiele für aktives Aktionärswesen.

www.nachhaltiges-investment.de: Die Plattform „Nachhaltiges Investment" des Sustainable Business Institute (SBI) enthält umfassendes Hintergrundmaterial zu Akteuren und Möglichkeiten des ethischen und nachhaltigen Investments. Vor allem verfügt diese Webseite über eine Datenbank, die man für die Auswahl geeigneter Produkte nutzen kann.

www.unepfi.org: Die UNEP Finance Initiative der Vereinten Nationen dokumentiert die zunehmende Bedeutung von Ethik und Nachhaltigkeit in der Geldanlage.

D. Ausgewählte Literatur

Bücher

Gesine BONNET, Gotlind ULSHÖFER (Hg.) (2009): Corporate Social Responsibility auf dem Finanzmarkt. Nachhaltiges Investment – politische Strategien – ethische Grundlagen, Wiesbaden.

Max DEML, Hanne MAY (2005): Grünes Geld. Jahrbuch für ethisch-ökologische Geldanlagen 2005/2006, Stuttgart. (Neuauflage 2010 geplant.)

Martin FAUST, Stefan SCHOLZ (Hg.) (2008): Nachhaltige Geldanlagen – Produkte, Strategien und Beratungskonzepte, Frankfurt/M.

Klaus GABRIEL (2007): Nachhaltigkeit am Finanzmarkt. Mit ökologisch und sozial verantwortlichen Geldanlagen die Wirtschaft gestalten, München.

Johannes HOFFMANN, Gerhard SCHERHORN (2002): Saubere Gewinne. So legen Sie Ihr Geld ethisch-ökologisch an, Freiburg/Br.

Thomas KOHRS, Anselm GRÜN (2008): Ethisch Geld anlegen, Münsterschwarzach.

Andreas MISSBACH (2007): Saubere Renditen. Ökologisch und sozial verantwortungsvoll investieren, Bern.

Wolfgang PINNER (2008): Nachhaltig investieren und gewinnen. Profitieren vom ökologischen Megatrend, Wien.

Gerhard SCHERHORN (2008): Nachhaltige Entwicklung – Die besondere Verantwortung des Finanzkapitals (Reihe Geld & Ethik, Bd. 1), Erkelenz.

Helge WULSDORF (2005),: Nachhaltigkeit: Ein christlicher Grundauftrag in einer globalisierten Welt, Regensburg.

Zeitschriften

Dossier 9/2006 – Nachrichten und Stellungnahmen der Katholischen Sozialakademie Österreichs (2006): Geld und Ethik: ethische Geldanlagen, Wien.

Politische Ökologie 112-113 (2008): Nachhaltiges Investment. Blaupause für den Neuanfang, oekom-Verlag München.

Studien

Ausgewählte Studien, welche einerseits die Gestaltungsmöglichkeiten belegen, die sich durch ethisches Investment ergeben, und andererseits die wachsende Bedeutung von ethischen Geldanlagen dokumentieren:

dti / Forum for the Future (2003): Sustainability and Business Competitiveness. Measuring the benefit for business competitive advantage from social responsibility and sustainability **(www.sproutdesign.co.uk/documents/Sustainability_and_Business_Competitiveness.pdf)**

Ernst & Young (2007): The Drivers of Financial Reputation – Investors' views on the meaning and importance of financial reputation **(www.ey.com.au/Publication/vwLUAssets/TheDriversofFinancialReputation/DollarFILE/TheDriversofFinancialReputation.pdf)**

Eurosif (2008): 2008 European SRI Study **(www.eurosif.org)**

Forum Nachhaltige Geldanlagen (Hg.) (2008): Statusbericht Nachhaltiger Anlagemarkt 2008 **(www.forum-ng.de)**

Silke RIEDEL, Antje SCHNEEWEISZ (2009): Chancen und Entwicklungsmöglichkeiten für ein Aktives Aktionärstum in Deutschland – Eine Machbarkeitsstudie **(www.imug.de/pdfs/investment/hp_imug_Studie_Aktives_Aktionaerstum_2008.pdf)**